中学3年の学級づくり 365日のアイデア事典

玉置　崇
山田貞二
福地淳宏

編著

明治図書

購入特典・通知表所見文例データベースについて

　以下の注意事項を必ずご確認のうえ，下のQRコード，またはURLよりアクセスしてください。

※1　本データベースはスマートフォンでは使用できません。QRコードの読み取りには，タブレット端末をご使用ください。

※2　本データベースを使用する際は，その都度QRコードを読み取る，またはURLを入力してサインインしてください。ブックマークからはサンプル版にしかアクセスできません。

※3　本データベースは，明治図書出版が刊行する学習・生活記録『タイムくん』『スクログ』の教師用デジタルコンテンツとして提供されているデータベースと同一のものです。

※4　本データベースの提供は予告なく中止される場合があります。

URL　　　：https://s.meijitosho.co.jp/cor4ygj

ユーザー名：254331

パスワード：bunrei03

はじめに

　私が大学の教育学部で教えている学生たちは，ほとんどが教員を目指しています。彼らと話をすると，「よい学級をつくりたい」という強い気持ちとともに，「学級が崩壊したらどうしよう」という不安を抱えていることがわかります。実際に教師をしている先輩からは，「授業づくりよりも学級づくりの方が難しい」という声をよく耳にするそうです。

　私は，授業の指導助言のために多くの学校を訪問しています。そのとき，教室に足を踏み入れた瞬間に，その学級の状況を直感的に感じ取ることがあります。教師と生徒の関係が良好で，学級ルールがしっかりと確立されているかどうかは，短時間で把握できるものです。そして，時には「このままでは学級が成り立たなくなるのではないか」と心配になるような学級に出会うことがあります。

　学級崩壊の原因は多岐にわたりますが，共通して指摘できるのは，担任教師の学級づくりに対する認識の不足です。基礎や基本を学ばず，計画性をもたないまま学級運営を行っている教師がいると感じます。

　現在，文部科学省の主導で GIGA スクール構想が進み，1人1台の情報端末を活用した授業づくりが求められるようになりました。特に，生徒個々が情報端末に自分の考えを入力し，互いにそれらを読み合い，学び合うことは，1人1台情報端末活用の好例だと言われています。こうしたことは，当然ですが，崩壊している学級ではできません。生徒間の人間関係がよく，安定した学級であってこそ実現できることです。よりよい学級づくりが，ますます求められるようになってきています。

この『中学3年の学級づくり 365日のアイデア事典』には，よりよい学級づくりに必要な基礎・基本が網羅されています。

新任教師でも，ベテラン教師でも，安定した学級にするためには，年度はじめの学級づくりは特に重要です。例えば「早期に日直，当番，給食，清掃のシステムを確立し，それが1か月で学級に定着すれば，残り11か月は心配無用！」と言う教師もいます。この点を意識し，本書の冒頭から約80ページ，つまり全体の半分を使って，新たな学級を安定させるために役立つ様々なアイデアを紹介しています。

また，熟練した教師が長年の経験に基づいて，新任教師でも理解しやすいように，具体的な指導アイデアを提供しています。特に新年度の最初の3日間のタイムテーブル，学級活動，教室でのトークについては，よい学級づくりのスタートに，大いに参考になるでしょう。

さらに，各学期の活動や行事を踏まえて，教室でのコミュニケーションや学級活動の例を豊富に示し，教師が指導のポイントを見失うことがないように工夫されています。通知表の所見文例を含め，学期ごとの具体的なアドバイスも掲載しており，まさに「365日のアイデア事典」となっています。

今回の企画・編集をしていただいた明治図書出版の矢口郁雄さんには，これまでも数多くの拙著を世に出していただいています。この本も，矢口さんのおかげでとても読みやすく，使いやすい本になりました。大いに自信をもって皆様におすすめできる，365日活用できる学級づくり本です。

2024年2月

玉置　崇

もくじ

はじめに／003

中学３年担任として
大切にしたい５つのこと／010

中学３年の学級づくり

１年間の見通し	中学３年の年間スケジュール／014	
春休み	新年度準備　やることリスト／020	
１学期 新年度１日目	タイムテーブル／024	
	黒板メッセージ／026	
	教室トーク「みんなで生き方を考えよう！」／028	
	教室トーク「一人ひとりが矜持をもとう！」／030	
	学級活動／032	
新年度２日目	タイムテーブル／034	
	学級活動／036	
新年度３日目	タイムテーブル／038	
	学級活動／040	

1学期		
学ぶ姿勢	教室トーク「授業で不安を力に変えていこう！」／042	
	教室トーク「家庭での自学が力を伸ばす」／044	
	学級活動・家庭学習／046	
学級組織づくり	教室トーク「あなたもどこかでリーダーシップを」／048	
	学級目標づくり／050	
	委員会・係決め／052	
環境づくり	教室環境／054	
	１人１台端末／056	
	学校ＨＰ・学級通信／058	
朝の会・帰りの会	教室トーク「情報を自力で収集する力をつけよう！」／060	
	朝の会・帰りの会のシステム／062	
給食	教室トーク「どんな食事を摂るかで人生は変わる!?」／064	
	給食のシステム／066	
掃除	教室トーク「最上級生としてどんな姿を見せるか」／068	
	教室掃除のシステム／070	
	特別教室掃除のシステム／072	
部活動	教室トーク「『引退後』を大切にしよう！」／074	
	部活動激励会／076	

1学期	進路学習	教室トーク「仲間とチームで立ち向かおう!」/078
		環境づくり/080
	中間テスト	教室トーク「仲間と支え合いながら挑戦しよう!」/082
		テスト計画づくり/084
		テスト対策/086
	席替え	教室トーク「席替えの前に」/088
		席替えのシステム/090
	期末テスト	テスト対策/092
		班学習/094
	通知表	教室トーク「自分自身を見つめよう!」/096
		所見文例/098
	終業式	教室トーク「夏休みを制する者は受験を制する」/102
		学級活動/104
2学期	始業式	教室トーク「一人ひとりが主役」/106
		環境づくり/108
	学級組織づくり	教室トーク「中学校生活最後の○○」/110
		学級活動/112

2学期

体育祭

準備・練習／114

教室トーク「3年生一人ひとりがリーダー」／116

振り返り・事後指導／118

生徒会役員選挙

教室トーク「支える姿勢で選挙に臨もう！」／120

学級活動／122

合唱コンクール

学級集団形成／124

準備・練習／126

教室トーク「この先に続く成長までを意識しよう！」／128

振り返り・事後指導／130

個人面談

教室トーク「よりよい進路選択の方向を探ろう！」／132

進路相談会／134

通知表

教室トーク「支えてくれる人の顔を思い浮かべよう！」／136

所見文例／138

終業式

教室トーク「明るく楽しい未来が待っている！」／142

3学期

始業式

教室トーク「言葉だけではなく，姿で示そう！」／144

学年末テスト

教室トーク「最後の1人の進路が決まるまで」／146

学級活動／148

3学期	高校入試	教室トーク「平常心で挑むために大切なこと」／150
	採用試験	事前指導／152
	通知表	教室トーク「未来の自分を見つめよう！」／154
		所見文例／156
	卒業生の在り方	教室トーク「4月からそれぞれの道を歩む3年生へ」／160
		学級活動／162
	学級納め	教室トーク「義務教育を終えるあなたへ」／164
		学級活動／166
	卒業式	教室トーク「決意と感謝」／168
		教室環境／170

中学3年担任として 大切にしたい 5つのこと

1 最上級の中学生を目指す気持ちを育てる

中学生の最終年度です。最上級の中学生になってほしいものです。大きな目標を提示しましょう。例を示しておきます。

●好ましい友人関係（良好な対人関係を保ち，思いやりのある中学生になるために）

- ・よきライバルと競い合える。
- ・軽率な同調をしない。
- ・あまり感情的にならない。
- ・「好きな者同士」で集まることは，集団としては好ましくないことを知っている。
- ・ユーモアを解している。
- ・広く友を求め，だれとでも気さくに話し合える。
- ・相手の立場になって考えることができる。
- ・他人の意見に素直に耳を傾けられる。
- ・おおらかさがある。
- ・弱い立場の人をいたわることができる。
- ・異性の身体について基礎的な知識をもっている。
- ・自分の性格の特徴を知っている。

●家族，地域とのつながり（命を慈しみ，自尊感情をもち，地域と関わりをもつ中学生になるために）

- ・命は1つ限りであることを実感できる。

・生命の連続性を感じることができる。

・家庭内の仕事ができる。

・地域の人にあいさつができる。

・環境に配慮することができる。

・地域をきれいに保とうとしている。

・地域の行事や祭に参加することに前向きである。

　この他，様々な視点があります。生徒に出会う前にこのように具体的に示すことができるように準備をしておきましょう。

2 「ギラギラ」した目で授業を受けさせる

　かつて全国各地で教育講演をしたり，授業診断をしたりしておられた角田明先生は，「中学生であれば，授業を受けているときの目は『キラキラ』ではなく，『ギラギラ』であるべきだ」と言われました。

　「キラキラ」した目は小学生のものであるとも言われました。「ギラギラ」とした目とは，「本当にそうか」「もっとよい言い方はないのか」「これだけしかないのか」「他に資料があるのではないか」「あの表現はどうして生まれたのか」などの追究心が目に表れているということです。生涯にわたって学び続けるためにも，確かに「ギラギラ」が必要です。

　中学３年生は，言うまでもありませんが，義務教育最終年です。生徒に「ギラギラ」した目の大切さを伝え，中学３年生としての授業への参加態度，物事を学ぶときの姿勢を意識させてはどうでしょう。

　中学３年生であれば，具体的なイメージをもつことができます。学級担任として，年間を通して，折に触れて話し，生徒が意識して授業に取り組むように繰り返し伝えたいものです。

3 自主・自律の精神が感じられる学級にする

「中学3年生の教室では，生徒が学級担任の存在を感じないほどになるとよい」と言われます。この言葉が表している学級像が浮かぶでしょうか。例えば，担任が一つひとつ指示することなく，生徒それぞれが自ら状況を判断し，時として離れようとする仲間に声をかけながら，集団としてのまとまりをつくっている学級です。

かつて次のような話を聞いたことがあります。病気で1か月ほど入院することになった学級担任がいました。学年主任が生徒たちに聞いたそうです。「先生が退院してくるまで，他の先生に担任をしてもらうことにしたいがどうか」と。すると，生徒たちは次のように言ったそうです。

「先生の病室に私たちが代わる代わる行って，指示を聞いてきますから，新しい担任は必要ありません」

正確にこのように言ったかどうかはわかりませんが，この担任は，自分が教室にいなくても自らの力で学級運営をしていこうとする生徒を育てていたということです。

中学3年生の学級はこうありたいものです。担任が数日間いなくても大丈夫な学級です。保護者が数日間の担任不在を聞いても，不安がらず，信頼している学級です。学級役員が明日の連絡について学年の先生に聞きに行く。回収すべきものがあれば，だれかが集めて学年の先生に届ける。短学活では諸連絡のみならず学級生活で気づいたことを発表し合い，今日よりも明日，明日よりも明後日と，自ら改善していこうとすることができる。そんな学級です。

「担任がいない方が，あの学級はよく動くことができるよ」という声を職員室で聞いたことがあります。「担任がいないときだからこそ，自分たちでがんばろう」という学級を，日ごろの指導で生み出すことができるのです。

4 義務教育最終年であることを意識できるようにする

　3年生だからといって，義務教育の最終年であることを過度に強調してはいけませんが，生徒の心の片隅ではそのことは意識させたいものです。

　4月当初から，何かにつけて「3年生なのだから」というフレーズを生徒は聞くことになるでしょう。そのときに「また始まった…」という気持ちではなく，「確かに」と前向きな気持ちで聞くことができる学級は，やはり雰囲気が違うものです。

　それには担任が最終年と言われる立場の学年であることと，それにふさわしい学年の姿についてしっかり話しておくことです。特に大事なのは，何気ない日常を大切にするということです。そうすれば，体育大会や文化祭などの行事で，「3年生なのだから」とわざわざ言う必要はないほど生徒は自ら意識して行動するでしょう。学年を積み重ねるうちに習慣は風化しがちで，3年生が意識的に何気ない日常を大切にするのは実は簡単なことではありません。「『日頃の姿がさすが3年生だ。やるべきことがきっちりやれている』と言われることが担任は一番うれしい」と伝えておくとよいでしょう。

5 ユーモアのわかる学級にする

　どの学年においても大切にしたいのは，ユーモアのわかる学級づくりです。学級に温かい空気をつくり出す要因の1つは，ユーモアを解する生徒の存在です。担任のちょっとしたくすぐりにも素直に反応し，笑ってくれたり，微笑んでくれたりする生徒の存在は，学級の空気を明るく温かいものにします。だれもが失敗をするものですが，ユーモアがある学級には，失敗を許容する雰囲気も生まれてきます。

　それには，担任はいつもにこやかでいて，時にはユーモアを発揮すべきです。堅物先生であってはいけません。意図的にユーモアを重ねる中で，ユーモアのある教室の空気をつくっていくとよいでしょう。

中学３年の
年間スケジュール

3月	□校務分掌の引継ぎ □学級経営案作成 □学級編制	□教室の清掃，教室備品の確認 □学級通信作成 □学級開き，システムの検討

■3月のポイント

　新年度が始まり，慌ただしくなる前に，できるだけ仕事を先取りしておくことが大切です。教育理念や自己紹介などは生徒の実態に大きく左右されることはありませんし，これまでの２年間というベースがあります。当面のことを先取りしたり，行事の在り方を考えたり，漠然としたイメージでよいのでどんな卒業式にしたいかを考えておくとよいでしょう。義務教育最後の学級に，生徒はわくわくしています。最後を飾るにふさわしい学級開きの演出も，この時期に考えておきたいものです。

4月	□教材の選定，購入 □時間割の決定，印刷 □名札の確認	□学年の校務分掌の決定 □机，ロッカーのラベル貼り □座席表作成

□始業式の配付物の確認	□教科書，教材の確認
□清掃当番計画	□給食当番計画
□教室備品確認	□タブレット確認
□短学活のシステムづくり	□学級名簿作成
□健康診断の準備	□当面の学級の計画

■4月のポイント

　新年度の仕事は，膨大にあります。そこで大切になってくるのが学級の時間を中心に，当面の計画を立てることです。忙しいからこそ「こんな学級にしたい」「こんな3年生になってほしい」という意図をしっかりと語れるようにし，生徒が主体的に行動できる場面を増やします。細かな部分は学級裁量でもよいですが，どのようでありたいかという根本的な願いを学年職員で共有しておくこともポイントです。

5月	□連休の過ごし方の指導	□修学旅行準備
	□授業参観準備	□教室環境整備
	□中間テスト指導	

■5月のポイント

　3年生における定期テストの重要性をしっかりと伝えます。進路決定までもう1年を切っていることを確認し，それまでの大まかな流れを説明します。テストに向けてベストを尽くすことがいかに大切かを理解させ，いわゆるテスト週間の過ごし方も，学年で今までとはひと味違う雰囲気をつくりましょう。1回目に徹底して行うことで，2回目以降は自然に雰囲気ができ，指導も楽になります。

| 6月 | □期末テスト　　　　　　　　□教育相談 |
| | □2学期の行事に向けて準備　□修学旅行 |

■6月のポイント

　修学旅行がある場合，集団で旅行に行く意義やこれまでの旅行的行事の集大成であることを伝えます。楽しむところは思いきり楽しませ，この学級で1年間みんなとやっていこうという所属意識をもたせます。教育相談で友だちができないと悩みを打ち明ける生徒も少なくありません。相談内容を踏まえてグループ編制に配慮します。

7月	□学期末評価，評定　　　　　□夏休みの課題を提示する
	□夏休み事前指導　　　　　　□懇談会計画，実施
	□教室大掃除　　　　　　　　□1学期のまとめ
	□夏の部活動大会準備，激励

■7月のポイント

　進路を最終決定するのは自分自身でも，親との対話は重要であるということを知らせます。懇談会では親子関係，親子の本音を聞き出すように努めます。この時期に悲観的になる必要はありませんが，ある程度現実を見つめ，夏休みに精一杯学習しようという意欲を高めることと，進路選択の視野を広げるために高校について調べたり，見学したりすることが大切です。また，部活動の集大成とも言える夏の大会に参加する生徒も多いでしょう。活躍や成果よりも，これまで努力してきた過程にフォーカスし，励まします。

8月	□2学期の教材研究　　　　　□各種研修
	□1学期の学級経営の反省　　□進路指導計画
	□2学期始業式の準備
	■8月のポイント
	心と体を休めながら，夏休みならではの働き方をします。教材研究や各種研修で主体的に学ぶことが主です。また，三者懇談の記録を基に，生徒一人ひとりに対してどのように進路指導していくかを計画しておくと，9月以降にゆとりをもって仕事ができます。
9月	□夏休みの課題の処理　　　　□避難訓練の指導
	□2学期の個人目標決め　　　□体育祭の指導
	□生徒会役員選挙指導
	■9月のポイント
	最後の体育祭に悔いの残らぬように取り組ませます。学級や学年で活動するのはもちろん，全校を視野に入れた活動もさせたいものです。全校生徒に対して発信できる機会は多くありません。計画的に行い，充実感と自信を与えます。
10月	□書写競技会　　　　　　　　□美術競技会
	□中間テスト　　　　　　　　□文化祭
	■10月のポイント
	書写，美術，合唱などの一つひとつに意義をもたせ，没頭させたいものです。好き嫌いや得意不得意はありますが，それを超えて努力することの価値を伝えます。やっているうち

1年間の見通し

	に楽しくなってくればしめたものです。
11月	□期末テスト　　　　　　　　□学校公開 □進路説明会準備・実施 ■11月のポイント 　行事をひと通り終えたこの時期には，進路実現という共通の目標のもとに落ち着いて学習をしたり，進路面談の練習をしたりしたいものです。進路説明会もこの時期の学校が多いでしょう。推薦入試や特色入試とは何か，進路決定までの手順はどのようになっているのかを，誤解のないように具体的に伝えていくのもこの時期です。
12月	□学期末評価，評定　　　　　□通知表所見 □冬休み事前指導　　　　　　□教室大掃除 □今年1年の振り返り　　　　□2学期の学級経営の反省 □三者懇談会の計画・準備 ■12月のポイント 　年明けに行う懇談会で，どの学校を受験するかが決定します。その懇談会に向けて，生徒とよく話しておきます。保護者とうまく話ができない生徒もいます。必要に応じて生徒に寄り添い，保護者に来ていただき，事前に話を聞きます。懇談会がうまくいくかどうかは，事前にどれだけ話をしたかにかかっています。軽重はありますが，全員と話をします。
1月	□学級の締め括り計画　　　　□出願指導 □今年の抱負　　　　　　　　□三者懇談会 □卒業式の計画・準備　　　　□誓いの言葉指導

三者懇談会で受験校（希望進路）が決定します。あとはとにかく最後まで全力で取り組ませ，結果がどうあれ満足できるようにすることを目指します。また，卒業式の会場図や流れなどを職員で共通理解し，誓いの言葉の作成も始めます。

2月

□卒業式に向けての指導　　□学級の締め括り活動

■2月のポイント

卒業式に向けての練習が始まります。厳粛な雰囲気を練習から徹底することがポイントです。学級の締め括りの内容はそれぞれでよいですが，これまで関わったすべてに感謝の気持ちをもたせたいものです。

3月

□3学期の評価，評定　　　□通知表所見
□生徒指導要録の作成　　　□教室大掃除
□学級の締め括り　　　　　□出席簿，学級経営案の整理
□校務分掌のまとめ　　　　□教室備品，教科書の点検
□入試後の指導

■3月のポイント

卒業式と高校入試に向けて全力を注ぐように指導します。入試は全員が第一希望に合格するとは限らないものです。そのことを理解させ，ベストではない結果も受け入れられるようにしていきましょう。

1年間の見通し

新年度準備
やることリスト

1 3月中にやる仕事

①学年・学校単位でやる仕事

- 学年分掌の割り振り，組織図作成
- 学年の理念，方針のまとめ
- 学級編制，担当学級検討
- 職員座席決定
- 新年度の部会
- 学年通信，学年懇談会資料，アンケートなどの枠の作成
- 教室，廊下，黒板，ロッカー，靴箱などの清掃
- 新年度に差し替える書類などの準備，確認
- 全国学力学習状況調査の内容把握

　この時期に，1，2年生を受け持った職員で，反省を踏まえて卒業式までのビジョンを固めておきたいものです。学級編制は，どの学年でも1年間を左右する大きな仕事ですが，特に3年生では卒業式まで見据えた編制をします。具体的には，誓いの言葉を何人の生徒が述べるのか，証書授与を代表して行うのはだれかなどです。各学級に少なくとも1人は，集団を巻き込みながら主体的に行動できる本物のリーダーを置きたいものです。

　また，進路指導も本格的で具体的になります。未経験の教師は何かと不安がつきものです。進路指導主事や経験者の近くの座席配置を考えるとよいでしょう。職員同士が相談しやすい環境の基礎をつくります。

②学級担任としてやる仕事

- ・学級経営案の作成
- ・学級通信の作成
- ・出会いの演出の検討
- ・日直，給食，清掃，係活動などの学級システムの検討

「こんな学級にしたい」という経営方針を決め，初日のしかけを考えるのはどの学年でも同じです。最上級生になるという自覚をもたせる話はどこかでしておきたいものです。新年度が始まり，生徒の顔を見てからという気持ちもわかるのですが「最上級生として」「こんな卒業式の日を迎えたい」という話の根幹は変わらないはずなので，この少し余裕がある時期に考えておいた方がよいでしょう。

日直，給食，清掃，係活動などの学級システムも同様です。生徒が主体的に活動できる余地は残しながら，基本的な流れは教師が検討し，決めておきます。４月の生徒の様子を見て，必要があれば，新しい活動を取り入れたり，マイナーチェンジをしたりすればよいでしょう。

また，進路指導担当と連携し，最近の進路事情を学んでおくこともよいでしょう。特に担任の中に未経験者がいたり，入試制度が変わったりした場合には，少しゆとりのあるこの時期に，事前に学習しておくことをおすすめします。進路指導のビジョンが見えると，１年間の大きな柱ができます。

新年度をイメージして先取りすることを心がける一方，今年度の仕事を来年度に残さないこともとても大事なことです。要録などの必要書類の整理や掃除などは，年度内に余裕をもって完了させておきます。また，頭髪や服装などの指導も，最上級生，受験生になるということを意識して指導します。これまでは甘さがあった生徒も，自覚が芽生え，身だしなみを整えるチャンスです。「終わりよければすべてよし」といいます。有終の美を飾るための大きな節目を大切にしましょう。

2 4月に入ってやる仕事

①学年・学校単位でやる仕事

- ・自己紹介＋学年の方針，分掌共有
- ・学年集会，学年懇談会資料作成の依頼
- ・給食，清掃指導など方針共有
- ・名簿印刷，消耗品発注
- ・指導要録などの必要書類差し替え
- ・入学式当日の動きの確認
- ・配付物の確認
- ・学級編制名簿の掲示
- ・通学団の確認
- ・旅行社との打ち合わせ（修学旅行）
- ・総合的な学習の時間，進路指導の方針共有

　新年度における学年会のスタートは，生徒の情報共有や学年の経営方針，ルールの提案から始まります。これまでの２年間の積み重ねもあるので，大きなルール変更はないことが望ましいですが，何か変えるべきことがあれば最後のチャンスとも言えます。最上級生であり，受験生であることを意識させ，前向きに指導します。

　生徒が最も楽しみにしている行事の１つに修学旅行があげられます。時期が５，６月に設定されている学校では準備時間が長くは取れません。学年全体が関わる研修地は前年度までに予約してあり，学級での計画は新担任が確定した４月から決めていく場合が多いでしょう。旅行社との連携も必要なため，早めに進めて，修学旅行当日までの学級の時間の割り振りを大まかに決定しておきます。特に担当者は大変ですが，３年生の学級づくりのための大きなポイントになります。

②学級担任としてやる仕事

- ・学級活動の計画
- ・学級名簿作成
- ・教室環境の確認，整備
- ・学級開きアンケートの作成
- ・座席表，時間割表，給食・掃除当番表の作成
- ・黒板メッセージの作成
- ・初日のあいさつの検討，練習

　学年で共有した年度はじめの計画を学級レベルに落とし込みます。修学旅行のオリエンテーションや学年集会などの学年共通の時間を先に入れ，残った時間で学級組織づくりや給食や清掃指導などを計画します。なるべく早めに学級組織づくりをし，級長などのリーダーを決め，主体的に行動させます。しかし，リーダーの主体性を支えるものは，教師の主体性です。教師が初日に「こんな学級にしたい」「こんな卒業にしたい」「リーダーにはこういうものを求める」という願いを語って聞かせることで，それを踏まえてリーダーが学級で義務教育の最後をどう締め括りたいかを語れるような土台づくりをします。

　どの学年でも，最も大切な瞬間は「生徒との出会い」のときです。ほとんどの生徒は，受験生として改めて学習に力を入れたいと思っているものです。そんな生徒の心の声に応えるためにも，整然とした教室環境で安心させたいものです。

　教育の１つの究極の形は感化です。言って聞かせるだけでは，体も心も大きく成熟している３年生には響きません。教師が自らの目指す生き方を語り，言行一致させます。黒板などの教室環境，教師の服装，持ち物，語り，表情などのあらゆるものから生徒はどんな担任かを敏感に感じるものです。「この先生のもとで１年間がんばろう」と感じさせる，よい出会いを演出します。

タイムテーブル

登校 〜 8：00	・教室の開錠，窓の開放 ・教室内・廊下の確認 ・学級編制表の掲示の準備
8：00〜8：10	・職員打ち合わせ
8：10 〜 8：30	・学級編制表の掲示 ・生徒の出迎え ・教室へ引率，靴箱・座席の確認，手洗い ・茶髪やピアスをしてきた生徒への対応 （学年主任・生徒指導主事）
8：30〜8：45	・出欠席の確認，学年主任に報告
8：45 〜 9：00	・入学式に参加する心構え，おおまかな日程確認 ・学級ごとに背の順（もしくは男女名簿番号順や混合名簿順）に整列 ・入学式，始業式のため体育館へ移動
9：00〜9：20	・校歌（合唱）練習 ・生徒会長の話
9：30 〜 10：30	・入学式，始業式 ・学級担任発表・紹介 ・教室へ引率指導
10：40 〜 11：40	・学級開き（学級活動） ・担任のあいさつ，自己紹介 ・生徒の呼名・確認（返事をさせる）

	・教科書配付・確認・記名 ・家庭環境調査票・保健調査票などの配付・説明 ・今後の予定の連絡 ・明日の登校・下校時刻，持ち物などの連絡 ・学級活動プリント 　自己紹介カード，学級組織づくりアンケートなど
11：40〜12：00	・入学式片づけ 　体育館いす，受付机などの片づけ，生花の移動
12：00〜12：15	・一斉下校
12：15〜12：30	・職員打ち合わせ
12：30〜	・欠席者への連絡，家庭訪問
13：30〜16：00	・職員会議 ・学年部会（生徒情報交換）

　最上級生として臨む入学式，始業式となります。初日の朝から生徒会執行部や学年生徒会，指揮者・伴奏者の生徒は式典準備などで動いていることがあります。担任はそれぞれの担当教師と確認を取りながら，該当生徒には「どのように動くのか」「どこでクラスと合流するか」など，朝教室で個別に確認の声かけをしておくとよいでしょう。

　昨年度以上に新入生にとって憧れの存在となれるような行動をするのはもちろんのこと，2年生にも範を示す立場であることを入学式に向かう前に話しておきます。具体的には，校歌の歌声などで式典の雰囲気をつくることが求められます。

　3年生が厳かな雰囲気で入学式に参加すれば，自然と1，2年生の雰囲気もピリッとしますし，新入生保護者も，これから子どもが通う学校への安心感を抱くことでしょう。それだけの影響があることを3学年職員で認識し，生徒に指導していくことが大切です。

黒板メッセージ

> **ポイント**
> 1 進路が決まる大切な1年であることを再確認させる
> 2 すべてに「中学校最後の」がつくことを意識させる

1 進路が決まる大切な1年であることを再確認させる

　ある大学の先生が，「ひと昔前は"電車型進路"だった。よい高校，大学に入れば，自動的に目的地に着く，すなわち就職や将来も約束されていたようなものだった。今は"自動車型進路"。自分で進むべき道を決めて運転をしていかなければ目的地には着かない」とおっしゃっていました。含蓄のある言葉です。改めて，進路は親や先生ではなく生徒が自分で選択し決めるものであるという力強いメッセージが伝わるような言葉を黒板に書いてみてはいかがでしょうか。

2 すべてに「中学校最後の」がつくことを意識させる

　「中学校最後の夏休み」「中学校最後の体育祭」など，当たり前のことかもしれませんが，3年生はすべてに「中学校最後の」という言葉がつきます。それは初日である「中学校最後の学級開き」からです。だからこそ，毎日を一緒に大事にしていきたいというメッセージを伝えるのも，すてきなエールとなります。また，教室に入室後の動き方についても，考えて動ける3年生らしく，短い言葉で指示を書いておくとよいでしょう。

1年後の道は自分で決めるものであることを伝えます

学校への誇りが育っていれば身に染みてわかってくれるはずです

教室トーク
「みんなで生き方を考えよう！」

1 話し始める前に

　受験優先という姿勢で，学校行事への積極的な参加姿勢を失ったり，学級リーダーへの立候補を控えたりする生徒がときどき出てきます。勉強にかけようとする情熱は否定できませんが，3年生として，最後まで学級づくりにこだわるのはなぜなのか，よい学級をつくるために努力することが結果として一人ひとりの受験のためにもなるのではないか，といったことを，一緒に考えたいものです。

　「この1年は，あなたたちにとって必ず『忘れられない』1年になります。でも，あなたたちがこの学級でどんな過ごし方をするかで，『忘れられない』の意味が大きく違ってきます。先生は，この学級があなたたちにとって『本当に楽しい学級だったな』という，いい意味での『忘れられない学級』になってほしいと願っています。そして，そういう学級にするために，全力であなたたちを応援したいと思っています」という語りかけから始めていきます。

2 トークの概要

①進路の決定は自分自身で（義務教育の終わりを意識して）
②辛いときも独りではない（仲間と支え合って乗り越える）
③学級への貢献は自分に返る（そのために何をがんばるか）
④最後の1年にふさわしい学級とは（どんな姿で卒業したいか）

みんなで生き方を考えよう！

この1年は，一人ひとりが「自分の生き方」を考えていく1年になります。「義務教育」というレールを離れて，自分の人生を切り拓いていくために，自分がどっちの方向に歩いていったらよいのかを考えます。一生懸命考えましょう。先生も考えます。保護者の方も考えてくださいます。でも，最後は自分の力で1つの答えを出していくことになるのです。

進路は周囲の協力を得ながらも，最後は自分が決定するものと伝えます。

みんな自分の力で勝負していきますが，きっと辛いことやめんどくさいこと，逃げ出したくなることがいっぱいあります。進路選択が近づくとプレッシャーもかかってきます。そんなとき，学級の仲間が支えになります。救いにもなります。しかし，それは，学級の仲間ががっちりとまとまって，だれにとっても居心地のよい学級になっていてこそのことです。

よい学級をつくることが一人ひとりの進路選択を支えることも伝えます。

先生は多くの人が受験生となる今だからこそ「学級でがんばること」を大切にしたいです。修学旅行，体育祭，合唱コンクールなど，学級でまとまってがんばることには特にこだわりたいと思います。この学級をがっちりまとめて，安心感のある場所で自分の進むべき道を一生懸命考えられるようにするためです。

「受験は団体戦」であることも理解してもらえるはずです。

この学級を全員の手でそういう仲間意識のある学級に育て上げることができたならば，卒業式で自然と涙が出てくる，忘れられない学級になると思うのです。

受験だけでなく，中学校をどんな姿で卒業するかもイメージさせます。

新年度1日目

教室トーク
「一人ひとりが矜持をもとう！」

1 話し始める前に

　多様性の時代です。生徒が「なりたい自分になる」という気持ちを尊重しつつ進路指導にあたりますが，義務教育を終えようとしている今，「求められる自分になる」という視点も重要であることを一緒に考えたいものです。なぜなら，進路を考えるうえで，生徒は「選ぶ側」であると同時に「選ばれる側」でもあるからです。進路が決まる1年だということを，生徒は十分わかっていますが，進路を意識して行動するということは意外とわかっていないものです。例えば，進学を考えている生徒は，入試の時期だけがんばればよいわけではないということを認識し，自分の生活を考え直すきっかけにしてほしいという願いを込めて話します。中には，こういった話をすると気が重くなる生徒もいるかもしれません。しかし，「自分は他の人からどう見られているのか」「きちんと他者から認められる人間か」といったことを考える経験は必要です。進路を考えることは，自分の生き方を考えることです。もし直していく必要があるなら，3年生が始まった今がそのチャンスです。

2 トークの概要

> ①「選ばれる人」になるために（進路は「選ぶ」だけではない）
> ②自分を支える矜持（誇れる自分であるかを問いかける）
> ③矜持をもつために（具体的な例を出す）
> ④励ましの言葉（進路関係書類をあわせて配付してもよい）

トーク

一人ひとりが矜持をもとう！

　3学期になれば，あなたたちは「選ばれる人」になります。どれだけ「この学校や会社へ行きたい」と言ったところで，その場所が自分を選んでくれなかったら，そこへ進学・就職することはできないのです。その中で重視されるのは，普段の学校生活をきちんと行い，いわゆる「矜持」をもっている人であるかどうかなのです。

進路は，自分が行きたいから行けるわけではないことから話し始めます。

　この「矜持」という言葉を知っていますか？　意味がわかる人はかなり語彙力が高い人ですね。「自分の力や才能を信じてもつ誇り」のことです。私の持論ですが，自分自身を一番支えるのは，この「矜持」だと思っています。

普段あまり使わない言葉と意味を話すことで，興味をもたせます。

　私たちは「授業に集中してがんばれる学級なんだ」とか「男女分け隔てなく振るまえる学級なんだ」という学級の「矜持」を，これからみんなでどんどん育てていくべきです。同時に一人ひとりの心の中にも育てていってほしいと思っています。

例として，その日目にした生徒のちょっとした善行やがんばりをほめます。

　学習や生活や部活動…，一人ひとりが様々な面で「矜持」をもつ人であってほしいと願います。「矜持」をもつ人はきっと「選ばれる人」になります。自分自身を信じるに足る存在とするべく努力を重ねていきましょう。

この話の後，第1回進路希望調査書を配るのもよいでしょう。進路関係の書類は多数あるので，提出期限を守ることの大切さにもつなげて話せます。

新年度1日目

学級活動

> **ポイント**
> 1 「学級交換日記」を行う
> 2 担任が返事を書きつつ，短学活で話題にする

1 「学級交換日記」を行う

　生徒と担任が生活日誌（日記）のやりとりをする学校は多いでしょう。３年生の時期は，親に言えない進路の悩みや本音を書いてくることもあるので特に有効です。それとは別に，学級のみんなで回していく「学級交換日記」もおすすめです。４冊くらいを同時に回していくと，約２週間に１度回ってくることになります。書く内容は基本的には自由ですが，全員が目にすることになるので，その点だけ注意して配付します。

2 担任が返事を書きつつ，短学活で話題にする

　実際やってみると，学級のよいところや学級のみんなへのメッセージ，行事への意気込みなど書く内容は様々です。中には自分の趣味やイラストをかいてくれる生徒もいます。絵しりとりが自然発生的に始まることもあって愉快です。日記はまず担任に出してもらい，担任が代表して返事を書き，返却し，次の人に回してもらいます。内容についてときどき短学活でも話題にします。結構読んだり書いたりすることを楽しみにしてくれる生徒も多く，学級の重要なコミュニケーションツールの１つとなり得ます。

4冊くらいを同時に回していきます

～三年一組・学級交換日記～

其の一　日常の出来事、みんなへのメッセージなど
　　　　自分の思いを込めて書くべし。

其の二　五行以上は書くべし。（絵も推奨すべし。）

其の三　月・日・「題名」・名前は必ず書くべし。

其の四　出席番号順（男女交互）にまわすべし。

其の五　朝、波多野に提出→返事受け取り→次の人にまわす
　　　　べし。（返事が翌日になっても笑って許すべし。）

学級交換日記のルール

タイムテーブル

登校 〜 8：00	・教室の開錠，窓の開放 ・昇降口の開錠 ・学年打ち合わせ（必要に応じて）
8：00〜8：20	・あいさつ，生徒の出迎え
8：20〜8：30	・読書タイム（本を忘れた生徒には道徳の教科書を）
8：30〜8：45	・朝の短学活（担任主導） ・提出物の回収（環境調査票や保健調査票など）
8：45 〜 9：35	・学級活動 　学級担任としての願い（学級経営方針など） 　学級役員選出（室長・議員・書記）
9：45〜10：35	・学力検査
10：35 〜 11：35	・学級活動 　学級組織づくり（委員会・係活動・当番活動） 　給食指導（翌日から給食開始の場合）
11：35〜11：50	・帰りの短学活（担任か学級役員主導）
12：00 〜 12：20	・通学団会 　通学団員の確認 　通学団長・副団長の選出 　通学路確認 　通学団ファイルの作成
12：20〜	・通学団下校（担当ごとに教師は通学路点検）
13：30〜14：20	・職員会議

14：30 〜 15：20	・専門部会や研修会 特別支援担当者打ち合わせやエピペン研修会など （会議がない教師で要録などの整理をしておくとよい）
15：30 〜 16：20	・学年部会 給食指導・清掃指導 新入生歓迎会指導 生徒指導 総合的な学習指導 授業参観，学年懇談会（ＰＴＡ総会）などの確認

　順調に育っていれば，３年生の学級組織づくりの大半は，生徒に任せることができます。学級役員を選挙で決めたら，委員会や係活動などの決定は，学級役員主導で行ってもらいます。その際，「リーダーが生きる学級にしなさい」という話を先にしておきます。真意としては，リーダーだけが活躍する学級にしたいわけではありません。しかし，リーダーがいきいきと活躍している学級は，他のみんなも気持ちよく生活できます。また，学級のみんながいきいきと躍動している学級は，リーダーが誇りをもって生活できる学級です。「やる気を出してリーダーに立候補してくれて，学級の仲間に向かって時には言いにくいことも言わなくてはならない。そんなリーダーの気持ちに応えられる学級にしましょう」と呼びかけます。特に３年生のリーダーは様々な場面で生まれていきます。委員会や係，修学旅行の役割も，その分野においてリーダーです。リーダーが「やろう！」って言ったら気持ちよくやれる学級にしたいものです。大切なのは，一生懸命やろうとしている人の気持ちに応えられることです。前に立つリーダーを見て，がんばっている仲間を見て，「助けたい！」と思える生徒であふれる学級を目指しましょう。

学級活動

> ポイント
> 1 すきま時間を有効に活用する
> 2 勉強の仕方の工夫を共有する

1 すきま時間を有効に活用する

　この時期の学級活動は，小さなすきま時間ができることが多いです。例えば，自己紹介カードを書き終わった，係活動カード作成が終わったといったタイミングですきま時間ができます。その時間を有効利用する手立てとして，普段自分がしている勉強の仕方の工夫をＡ５サイズほどの紙に書かせてみてはいかがでしょうか。３年生ともなると，自分なりのこだわりをもって勉強している生徒も多く，おもしろいアイデアがたくさん出てきます。

2 勉強の仕方の工夫を共有する

　書いてもらったものは，教室内に掲示したり，学級通信で内容を紹介したりします。４月当初は掲示物も少なく教室は殺風景であることも多いので，生徒の手書き掲示物は心温まります。休み時間などに結構熱心に見ている生徒もいます。昨今，入試日程が早まったり，定期テストの数が減ってきていたりする地域や学校も多く，１回の定期テストにかける情熱も高まっているため，「参考になった」「早めに知ることができてよかった」と口にする生徒もいます。受験生という自覚も自然と高まります。

「分からない問題をすぐに調べて、机の周りにまとめた紙をはる」
・問題を解いていて分からない問題が出たときに そのままにして
「後で解き直そう」と思っていると、解き直すことを忘れてしまったりど
こでつまづいたか分からなくなってしまいがち。
なので、すぐに調べて解き方のポイントを
まとめて見やすいところにはっておくと
似たような問題が出たときに わざわ
ざ調べ直したりする必要がなく、効率
的に勉強をすることが可能になる。

他の生徒のおすすめの勉強法に受験生は興味津々です

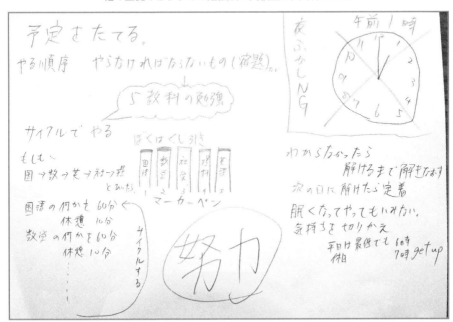

「みんなで勉強がんばるぞ」という意識改革にもつながります

タイムテーブル

登校 〜 8：00	・教室の開錠，窓の開放 ・昇降口の開錠 ・学年打ち合わせ（必要に応じて）
8：00〜8：20	・あいさつ，生徒の出迎え
8：20〜8：30	・読書タイム（本を忘れた生徒には道徳の教科書を）
8：30〜8：45	・朝の短学活 ・提出物の回収（環境調査票や保健調査票など）
8：45 〜 9：35	・学級写真 ・学級写真の順番を待つ間は学級活動 　→前日の学活の積み残し
9：45〜10：35	・学級活動 　清掃指導（翌日から清掃開始の場合）
10：35〜11：35	・学級活動 　学級目標，学級掲示物づくり
11：45〜12：35	・学力検査
12：35 〜 13：20	・学級活動 　給食指導 　会食の隊形，手洗いの指導 　5分後着席の習慣形成 　給食当番：身支度，配膳室，ワゴンの使い方 　当番以外：グループづくり，ナフキン・マスク・箸 　　　　　　忘れの貸し出し，おかわりのルール

13：20 ～ 13：35	・昼休み 　教室，廊下で生徒とコミュニケーションを取りなが ら，観察，着席やトイレのスリッパなど指導	
13：35 ～ 14：25	・学年集会 　職員紹介，学習指導，特別活動，生徒指導，総合的 な学習の指導，保健指導，学年主任の話など	
14：25～14：40	・帰りの短学活	
14：40 ～ 15：50	・新入生歓迎会リハーサル 　学校紹介，部活動紹介指導 　新入生お礼の言葉指導	
15：50～16：40	・部活動指導	

　「3年生は〇〇中学校の顔」と表現をされる先生も多いことでしょう。それくらい3年生の雰囲気＝学校全体の雰囲気となることが多いからです。3年生ということもあって，1，2年生のときのように，あれこれ細かく指示はしません。「考えて動く」ということを大事にしてほしいからです。その代わり，指示を少なくする分，教師は生徒の動きをより細やかに観察してほめ，価値づけしていきましょう。

　1，2年生のころの指導がしっかりとしていれば，日常生活の動きで困ることはありません。転任した学校でいきなり中学3年生の担任になっても，それまでの学年の先生方の指導がしっかりしていれば，生徒に尋ねると，なんでも張りきって教えてくれるものです。

　ただ，最初はどのクラスもみんな緊張感があり，きちんとできますが，最初できたことを守り続けることは難しいものです。日にちが経つにつれて，だんだん意識が薄れてきます。そこで，3日目に生活上の約束事の意味を改めて語り，価値づけを行います。それを1年間やり通すことで，だんだんクラスの誇りになっていきます。まさに「継続は力なり」です。

学級活動

> ポイント
> 1 生徒の創造力が広がるように準備をする
> 2 写真撮影への抵抗感を減らす

1 生徒の創造力が広がるように準備をする

　4月は最も掲示物の作成が多い時期です。画用紙は，端材も含め多様な色を準備しておくとよいでしょう。金色や銀色，蛍光カラーなど，一風変わった色もそろえておくと，掲示物づくりが苦手な生徒も，張りきって丁寧につくろうとしてくれます。

2 写真撮影への抵抗感を減らす

　これは係カードづくりや学級目標掲示物づくりにも関わってくることですが，生徒の写真を取り入れた掲示物は，やはり教室を華やかに彩ります。その写真を撮影する際，思いきって最初の段階でおもしろいポーズや明るい表情をリクエストしましょう。コロナ禍の影響もあり，写真撮影への抵抗がある生徒が増えてしまいました。中にはカメラを向けられると顔を背けてしまう生徒もいます。そういった抵抗感はなるべく払拭してスタートを切りたいものです。ここで写真への抵抗感を減らしていれば，学級写真や修学旅行などの行事で，年間を通してよい写真が撮れます。特に3年生の写真は卒業アルバムに多く採用されますが，選定にも困らなくなります。

写真を取り入れた掲示物づくりは生徒も楽しそうです

明るい姿での写真撮影は，クラスの雰囲気にも直結します

教室トーク
「授業で不安を力に変えていこう！」

1 話し始める前に

　中学３年は，何といっても進路選択の年です。進路選択はあくまでも一人ひとりが行うものですが，よく「受験は団体戦だ」と言われるように，各自の進路選択に直結する学習に対して，学級全員が士気を高めて，学力向上に取り組むことが大事です。そういった学級全体のムードの中でこそ，一人ひとりのやる気や学力も向上することを確認しましょう。

　そのためには，３年生になった今，心の中にある進路や学習に対する不安な気持ちをまず出し合うとよいでしょう。

　そして，それらを克服するためにはどうしたらよいかをみんなで考え合うことを大事にしましょう。その中で，まずは「学級として」どういう取組をしていきたいのかを考えさせ，そのうえで個々人の目標や目指す姿の具体化につなげていくとよいでしょう。

2 トークの概要

①進路や学習に対する不安（漠然とした不安を共有する）
②学級として取り組みたいこと
　（学級としての目標の大切さを確認する）
③自分の課題（学習や授業で目指す姿をイメージする）

授業で不安を力に変えていこう！

> 義務教育を終える３年生になって数日経ちました。学級の雰囲気はどうですか？　登校する様子や学級でのレクリエーションの様子から，皆さんの今年にかける願いの強さを感じます。いよいよ明日から３年生の教科の授業が始まります。今，どんな気持ちですか？

新たな学級で力強く歩み出している生徒の姿がたくさん見られることを価値づけると同時に，進路選択の年を迎え，このままで大丈夫なのか，受験に向けてどうやって勉強していけばよいのかなど，今心の中にある不安を発表させます。

> なるほど。３年生の仲間との生活は楽しみだけど，進路や学習のことで漠然とした不安をみんなもっているということがわかりました。卒業していった先輩たちも，みんな同じでした。不安があるからこそ，学級みんなで力を合わせて取り組んでいくことが大事なのです。「受験は団体戦だ」と言われますが，チームとしてみんなで切磋琢磨しながら乗り越えていきましょう。そのために，学級としての「目標」を決めて，不安を力に変えていこう。

卒業生の授業の姿の画像を電子黒板等で示しながら，学級全体で１つの目標を決め，授業姿勢向上に取り組むことが，一人ひとりの力をつけることにもつながるというイメージを膨らませましょう。

> それでは，あなた自身は，この１年間，どんな姿で授業に臨みたいですか？　自己目標を具体化しましょう。

昨年度の振り返りを見ながら本年度の自己目標を書き込むことができるワークシートなどを用意しておき，話の最後に各自の意思決定を促していきましょう。

学ぶ姿勢

教室トーク
「家庭での自学が力を伸ばす」

1 話し始める前に

　中学3年生になると，実力テストや模擬試験が増え，学年が指定した問題集をペースメーカーとして活用する場合もあると思います。どういったテキストや問題集を使うにしても，大事なことは自分にとって意味のある家庭学習につなげることです。当面の目標としては，夏休みが終わるまでに1，2年生の復習を終えることを目指して取組を進めましょう。

　そのためには，直近に実施した復習テストなどの結果も参考にしながら，1，2年生の学習を振り返りましょう。そのうえで，中期的な学習計画を大まかに設定し，家庭学習をスタートさせるとよいでしょう。自主学習を「自分のための自分による学習」という意味を込めて「自学」という呼び方で指導することも，意識を高める一助になります。学年＋1時間という目標時間を意識させつつも，自分にとって有意義な家庭学習を継続することが自身の学力向上につながるということを，担任自身の経験も踏まえて語っていきましょう。

2 トークの概要

①2年生終了段階の学習状況の振り返り（克服したい弱点を振り返る）
②家庭学習の大切さと9月を迎えるまでのゴール（1，2年の復習を終えるという目標を伝える）
③期待したい家庭学習の方法（時間とやり方の両面からイメージする）

家庭での自学が力を伸ばす

> この前行ったテストも参考にしてみると，得意な教科が増えたという人もいれば，さらに伸ばしたい内容や克服したい教科や弱点がはっきりしてきたという人もいるのではないでしょか。少し交流してみましょう。

学習に対する手応えを振り返らせ，苦手な教科が心配だといった気持ちを出し合い，不安を共感的に受け止めましょう。

> なるほど。でも，大丈夫です。これまでの先輩も同じような不安をもっていましたが，みんなで克服してきました。そのカギは，家庭での自主学習です。それは授業の予習・復習だけではなく，1，2年生の内容の復習も含めた「自分のための自分による学習」で，先生は「自学」と呼んでいます。まずは，9月を迎えるまでに，1，2年生の範囲について，弱点補強を終えることを目標にして，各自で計画をもつことから始めましょう。

これまでの経験を踏まえ，家庭学習の大切さを伝えきりましょう。その際，「自学」という新しい言葉を使うことで，これまで以上に家庭学習の意義を強調してはどうでしょうか。そのうえで，夏休みが終わるまでの大まかな家庭での復習計画をイメージさせることが大事です。

> 目標時間は学年＋1の4時間です。やり方としては，まず「自学ノート」をつくりましょう。先生たちがおすすめした問題集を使う人も多いと思いますが，ただやみくもに問題を解くだけではなく，間違えたところについて「なぜ間違えたのか」を振り返り，やり直してみることです。その積み重ねで力がつくのです。

復習の進め方は，解答の○×で終わるのではなく，誤答分析に基づく再挑戦をしてこそ効果があるということも伝えましょう。

学ぶ姿勢

学級活動・家庭学習

> **ポイント**
> 1　学習目標，授業目標を設定する
> 2　誤答分析を生かす

1　学習目標，授業目標を設定する

　3年生では，すべてのことが「義務教育最後の○○」になります。これまで学級の仲間と切磋琢磨しながらお互いを高めてきた経験を最大限に生かし，出口の独り立ちへ向かいます。とりわけ進路選択への不安が切実さを増す中で，学級としての授業への取組はとても重要になってきます。みんなで合意形成した学級目標を基盤として，ぜひ学級全員で「学習目標」「授業目標」を設定し，チームとして学ぶことを通して，各自の不安を払拭しましょう。

2　誤答分析を生かす

　家庭学習の時間の目途は，「学年＋1」と言われ，中学3年生では4時間行うという目標を設定します。しかし，大事なのはその中身です。同じ問題集を使っていても，効果を上げている生徒はしっかりと誤答分析を行い，それを生かして繰り返し問題を解いている場合がほとんどです。学級通信などで，そういった効果的な取組例をどんどん紹介し，時間の確保だけではなく，自分にとって意味のある学習が行われるよう促していきましょう。

「学級目標」に基づき、自分たちで「授業目標」を決める

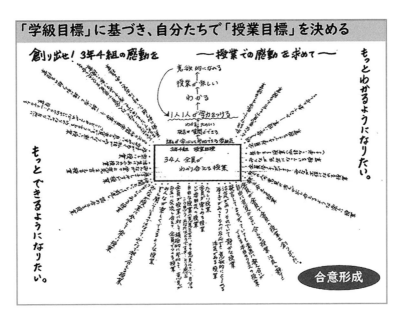

学級全員で決めた「学習目標」の例

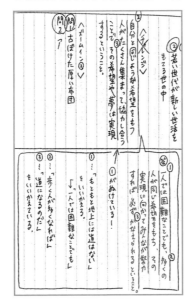

誤答分析を生かし，繰り返し学習を行っている家庭学習ノートの例

学ぶ姿勢

047

教室トーク
「あなたもどこかでリーダーシップを」

1 話し始める前に

　３年生ともなると，おおよそ自分の向き不向きが見えてくるものです。「リーダーは自分とは関係ないものだ」と思っている生徒も少なくありません。しかし，「リーダーに協力しよう」という姿勢だけでは，個の主体性は育ちません。一人ひとりが，リーダーを自分事として捉え，主体的に学級組織づくりに関わっていけるようにという願いを込めて話します。とはいえ，何にでも積極的に立候補した方がよいということではありません。まわりのメンバーを見て，自分が出るべきだと思った場面では，どんな小さな場面でも前に出て，リーダーシップを発揮する生徒，集団を育てたいものです。学校組織も，管理職だけがリーダーシップを発揮していてはうまくいきません。いわゆる「分散型リーダーシップ」が求められています。日頃からの教師の主体的な行動が，話の説得力を増してくれます。

2 トークの概要

①「自分はリーダーには関係ない」という多くの生徒の本音に寄り添う（土台に乗せる）

②場面ごとのリーダーシップがあり，自分にも経験があることを想起させる（リーダーシップの見方を広げ，自分事にする）

③学級における自分の役割を考える（主体性を意識させる）

あなたもどこかでリーダーシップを

　新しい学級をみんなの手でつくっていくうえで，リーダーは大切な存在です。しかし「自分はリーダーには向いていない」「私がリーダーシップを発揮することはできない」と考えている人もいるのではないでしょうか。「適材適所」という言葉もあるように，それぞれに得手不得手があり，それぞれに適した場所や役割があります。

　共感的な内容を「ではないでしょうか」と語りかけることで，全員を共通の土俵にのせます。「適材適所」という，中学3年生なら知っておくべき四字熟語を入れ，語彙を豊かにする工夫もしています。

　しかし，本当にリーダーに向いていない人はいるのでしょうか。級長や生徒会長だけをリーダーと呼ぶわけではありません。教科係だって○○係だって，△△係だって，それぞれの担当分野ではこのクラスのリーダーです。それぞれの係活動に誇りをもち，クラスをリードしてほしいのです。また，グループ活動で口火を切る人や，あいさつをさわやかにする人，ここぞというときに発言をする人など，小さな場面に注目すれば，だれもがどこかでリーダーシップを発揮したことがあるのです。

　級長やそれに準ずる人だけがリーダーであり，自分には関係ないと思っている生徒の気持ちを高めます。また，どの係や役割であっても，誇りをもってクラスのために活動することは同じであるということを伝えます。

　さて，あなたはこのクラスでどんな役割を果たしたいですか。どんな場面でリーダーシップを発揮できそうですか。前向きな気持ちで立候補し，お互いの「クラスをよくしたい」という気持ちを認め合いましょう。

　前向きな気持ちで立候補させ，それをお互いに支え合おうという雰囲気をつくったところで，具体的に学級組織を決めていきます。

学級組織づくり

学級目標づくり

> **ポイント**
> 1 言葉の意味を具体的に定義し，深める
> 2 具体的な場面での行動をイメージさせ，可視化する

1 言葉の意味を具体的に定義し，深める

　学級目標を決める際に，多くの場合は「どんな学級にしたいか」を話し合わせるのではないでしょうか。そのときに「仲がよい」「明るい」「人に優しい」などの言葉がよく上がります。それに対して教師が「いいね」と言ってしまえば，生徒の思考はそこで停止してしまいます。そんな言葉が出たときに，すかさず「それはどういう意味？」「具体的にはどういうこと？」とつっこみたいものです。生徒の思いを次々に出させ，対話を促し，「みんなの目指す仲がよいとは，こういうことか」と深めます。

2 具体的な場面での行動をイメージさせ，可視化する

　学級目標を定義したら，次はさらに具体的な場面に落とし込みます。3年生であれば，例えば，修学旅行を通して学級目標達成に迫るために，どんなことを意識するか，どんな行動をするかを書かせ，掲示します。可視化することで，意識を高めたり，仲間の考えを知ってそのよさを認め合ったりすることが期待できます。学級目標をただのお題目にするのではなく，実際の場面での行動，姿につなげるのです。

生徒の言葉を受けて，対話をすることで深める様子

学級目標達成のため，修学旅行で目指す姿を示した掲示物

委員会・係決め

ポイント
1　委員会・係の価値を，当番との違いから伝える
2　考える「枠」を共有しておく

1　委員会・係の価値を，当番との違いから伝える

　当番活動との大きな違いは「創造性」です。落語家・立川談志は，弟子に対して「俺を快適にしろ」と言ったそうです。すると，弟子は受け身の姿勢にならず，「何をすればよいのか」を考えざるを得ません。教育現場でこんなことを言っては問題になりますが，生徒が主体的に活動するためには，何から何まで細かく具体的に指示を出してはいけないということは言えそうです。「この係の立場を踏まえて，クラスにどんなことができると思うか」と考えさせ，活動をさせるような，時には抽象的な指示も必要です。指示がないと動けない「指示待ち人間」にしてはいけないのです。

2　考える「枠」を共有しておく

　とはいえ「工夫をしなさい」「考えなさい」と言うだけでは生徒は戸惑うばかりです。そこで，生徒に思考の「枠」を伝えます。どこまで裁量があるのかを確認するとも言えます。例えば，掲示係に対して「掲示に使えそうな道具」や「どこのスペースに」「どんな目的で」などを共有しておくのです。また，活動が始まった際には，特によい活動を取り上げて，全体に価値づけたり，自分たちで振り返りをさせたりする機会を設けましょう。

落語の巨匠による主体性の育て方を説明するためのスライド

係ごとで主体的に行った活動を振り返る様子

教室環境

> ポイント
> 1 進路特設コーナーを充実させる
> 2 生徒の気持ちを高める掲示をする

1 進路特設コーナーを充実させる

　学校に届く高校紹介や高校見学会など進路関係の資料は，生徒がいつでも見られる場所を教室内につくっておきましょう。パンフレットはクリアフォルダに入れて掲示し，冊子類はファイルにまとめておくとよいでしょう。届く資料は多いので，公立，私立，専門学校など，分けておくと見る側もわかりやすく，進路相談のときなどにも必要な資料がすぐに取り出せるのでおすすめです。

2 生徒の気持ちを高める掲示をする

　季節や行事に合わせた掲示物づくりはどの学年でも行っています。最上級生になると，掲示物もレベルの高いものを作成するようになります。行事後には，振り返りカードなどを書かせて掲示することも多いと思います。3年生は，行事に具体的なイメージをもって参加することができるので，行事に向けて何をがんばるのか，何を意識するのか，といったやる気や心構えを書いたものも事前に掲示すると，クラス全体の雰囲気も高まります。

生徒が興味をもって手に取りやすいように

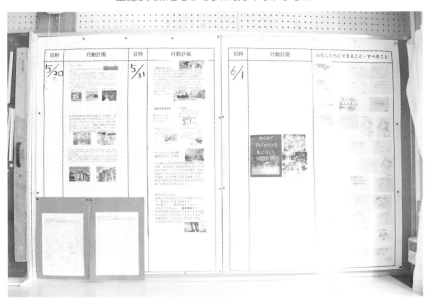

行事に向けて気持ちを高め合うにも最適です

1人1台端末

ポイント

1　共有ノートで手軽に情報を共有する

2　アプリで創作物の見栄えを簡単に整える

1　共有ノートで手軽に情報を共有する

　生徒に情報端末の主体的な活用を求めるなら，教師にもその姿勢が必要です。授業での活用も大切ですが，それ以外の場面でも活用したいものです。例えば，部活動でみんなの情報を共有するというのはどうでしょうか。次ページ上段の画像は，演劇部において「共有ノート」を作成したものです。情報を共有しやすいように枠だけ用意すれば，生徒が入力したり，読み取ったりできます。年度をまたいで記録を振り返ることもでき，おすすめです。

2　アプリで創作物の見栄えを簡単に整える

　学級通信や掲示物がいつも単調になったり，作成に長い時間がかかったりしてしまうという悩みを，Canva というアプリはすべて解決してくれます。検索ワードを入れると，多くのテンプレートの中から適切なものがいくつか表示されます。部活動のポスターや七夕の短冊，集会に使えるスライドなど，どんなものでも作成することができます。教師が使うこともちろん便利ですが，生徒がレポートや掲示物などを作成するときにも大変便利です。共同編集もでき，協同的な学びの実現に一役買うことでしょう。

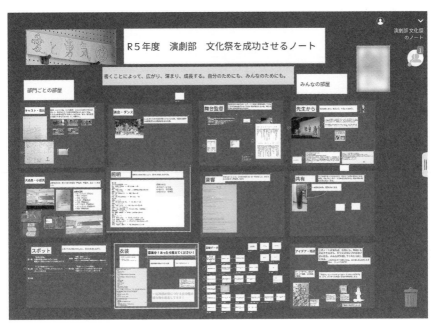

担当ごとの情報を整理する共有ノート

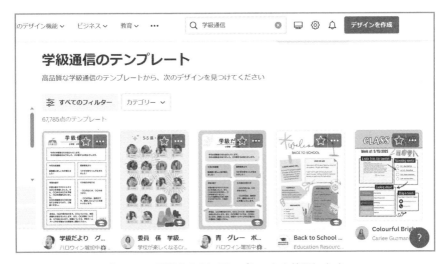

Canva で見栄えのよいテンプレートを使用します

学校ＨＰ・学級通信

ポイント
1　生徒の様子を写真や短文で伝える
2　写真等による発信の許可を得る

1　生徒の様子を写真や短文で伝える

　３年生ともなると，生徒は保護者に学校での活動についてはなかなか伝えようとしません。保護者の中には，学校からの発信でようやく把握する方もいます。だからこそ，日常的な発信が大切になります。

　その日常的な情報発信の手段が，学校ホームページ（ＨＰ）や学級通信です。学校ＨＰは，学級ごとの発信が許されている場合とそうではない場合があると思います。まずは学校の方針を順守しましょう。学級通信では，担任が捉えた生徒の姿などを伝えるとよいでしょう。学級通信も，紙ではなく，多くの学校で導入され始めている欠席連絡等ができるアプリで発信するのもよいでしょう。

2　写真等による発信の許可を得る

　発信に際しては，あらかじめ許可を得ておくことを忘れてはいけません。許可を得る対象は，保護者，生徒，管理職や学年主任です。保護者や生徒には，個人が特定されない写真を添付することがあることなどの事前許可を得ておきましょう。

学び合うことで理解が進むことを伝える写真

卒業式の練習が始まったことを伝える写真

教室トーク
「情報を自力で収集する力をつけよう！」

1 話し始める前に

　3年生の朝の会・帰りの会では，進路の連絡がとても多くなります。高校見学会や入試説明会などについて伝え漏れなどや連絡ミスがあると，生徒のみならず，保護者の信頼も失いかねません。

　一方で，3年生になっても自分で情報を得る力がないのはいけませんから，教師だけに頼らず，自分で情報を得る力を身につけられるようトレーニングすることも大切です。

　朝の会・帰りの会では，毎日担任の思いを生徒に伝える時間を確保しましょう。「その日大切にしてほしいこと」や，「こんな大人になってほしい」など，どんなテーマでも構いません。大人の思いを受け取ることは塾では味わえないことですし，思いを込めて伝えることで，生徒との絆を深めるきっかけにもなります。

2 トークの概要

①進路に関わる連絡の重要性（自分で毎日確認するよう促す）
②能動的に情報を得る力（身につけることの大切さを伝える）
③担任の思い（生徒の心に響くようダイレクトに伝える）

情報を自力で収集する力をつけよう！

　3年生になると，学校見学会や入試説明会など，大切なお知らせをたくさん受け取ります。自分に必要な情報を，タブレットPCで毎日確認する癖をつけてください。連絡が重複しないよう，ネット上に公開されている連絡については，朝の会・帰りの会で伝えないようにします。わからないことがあれば，しっかり説明しますので，聞きに来てください。

　進路に関わる情報など，大切な情報を自分で確認する癖をつけさせましょう。だからといって，担任が何も把握しないでいるのは無責任ですから，それではいけません。いつ，どこに集まるよう指示が出ているのかなど，自分の学級に該当する情報は，必ず把握しておくようにしましょう。

　もう3年生ですから，1，2年生のように先生の指示を聞くだけではいけません。自分に必要な情報を自力で収集する力を身につけてほしいと思います。大人になれば，自分にとって有益な情報はだれも教えてくれません。受動的に聞くだけではなく，能動的に情報を取得するよう努めてください。

　大人になるための練習としても，「できることは自分でする」ことは必要です。多くの教師は，ついつい連絡を口頭で細かく伝えてしまいますが，実はそういった優しさが，生徒の精神的な成長の邪魔になってしまうことがあります。予定表に書いてあることを繰り返し連絡するのも同様です。

　先週は，○○がきちんとできていませんでした。その反省を生かし，今週は，○○を目標にして，まわりを見て行動しましょう。

　思いがあれば，どんなことでもよいと思います。普段の生徒の様子を見て感じたこと，こうしてほしいと思うことを率直に伝えましょう。特定の生徒の様子や模範的な行動が見られれば，それを紹介してもよいでしょう。朝の会・帰りの会の担任の話は，重要なコンテンツなのです。

朝の会・帰りの会

朝の会・帰りの会の
システム

1 あいさつで生徒を出迎える

　生徒が登校したら，教室や廊下であいさつをして出迎えましょう。体調が悪かったり，精神的に不安定になったりしている生徒は，朝の表情や声かけの反応でわかることが多いものです。特に３年生は，学習面や人間関係で抱える悩みも多く，浮かない顔で登校する姿がよく見られます。健康観察の一環としても大変有効ですから，短い時間でもよいので，あいさつ指導の時間を確保しましょう。

　生徒が教室に入ったら，どんな行動を取っているかをよく観察することも大切です。教室の電気がつかないままだとか，だれも窓を開けないままの状態で自分の荷物を片づけることだけを考えている生徒が多いのは危険な状態です。みんなが気持ちよく朝の活動に入れるように気づかいができる学級に育てましょう。

2 今週の目標を立てさせる

　朝の会のプログラムは，健康観察，係・委員会からの連絡，タブレットＰＣの学校掲示板の連絡，先生の話などで構成されていることでしょう。

　私は，毎日必ず学級役員に話をさせるようにしています。「今週の目標」を立てさせ，その目標を達成するために意識してほしいことなどを伝えさせています。学級役員は６人いるので，ローテーションをして様々な角度から話をすることで，生徒も飽きずに目標達成のために行動することができます。目標を週単位で立てさせるのは，その日の課題を翌日の行動改善に生かすようにするためです。

3 翌日の連絡をきちんとノートに書かせる

　3年生でも，帰りの会でノートを出さずに翌日の連絡を聞く生徒がいます。「どうしてノートに連絡を書かないの？」と聞くと「帰ったらクラスのLINEグループで教えてくれるので書いていません」と答えます。こういう場合は毅然とした態度で指導しましょう。そういった生徒は，何か持ち物を忘れるとだれかのせいにして責任逃れをしようとします。やはり，必要な情報は自分で収集させる癖をつけることが大切ですから，帰りの会では，全員がノートに連絡を書いているか，机間巡視して指導するとよいでしょう。

4 30秒スピーチを行う

　帰りの会では，30秒スピーチがおすすめです。高校入試で面接がある場合，自分の考えを30秒程度でまとめて話す力が必要ですから，そのトレーニングを兼ねています。人前で話すのが苦手な生徒も，この取組を繰り返すうちにだんだんと慣れて，30秒で話せるようになっていきます。たまにそのスピーチに質問をして膨らませてみるのもよいでしょう。

　朝の会・帰りの会で大切なのは双方向のコミュニケーションです。一方通行ではなく，一人ひとりがたくさん話をできるプログラムを工夫しましょう。

教室トーク
「どんな食事を摂るかで人生は変わる!?」

1 話し始める前に

　1年生よりも3年生の方が，食事に関して個人的な意見をもつようになります。例えば，体型を過剰に気にして極端に量を減らそうとしたり，口に合わないものは食べようとしなかったりします。好き嫌いについても，「3年生だから好き嫌いなく食べよう」という意欲をもつ生徒は少ないようです。

　ただ，大人になるにつれて家族がご飯を用意してくれることはだんだん減っていくので，自分で何をどれだけ食べるかを判断し，適切な食事をする力を身につけなければなりません。

　したがって，3年生での給食指導は，それまでのものとは違い，卒業後どんな生き方をしてほしいかを食事の面から指導することが大切です。正解を示す必要はありませんが，栄養士さんがどんなことを考えて献立をつくっているのか，給食ではどんな栄養素を摂ることができるのか，などに関心をもちながら給食を食べられるようにしていきたいものです。

2 トークの概要

①自分の体はどのようにしてつくられているのか
②健康的な生活を営むためには，どんな栄養素をどのように摂取する必要があるのか
③給食を最大限に活用するために何ができるか

どんな食事を摂るかで人生は変わる!?

　皆さんの体は，どのようにつくられていますか？　そうですね，皆さんが
これまで食べたものから血液がつくられ，筋肉がつくられています。皆さん
が食べるものは，おそらく家族がつくってくれていると思います。では，今
日から自分1人で食事をつくることになったとしたら，健康的な食事を摂る
ことはできますか？

　まだ健康的な食事についての知識を備えていないことに気づかせる質問で
す。ご飯ができ上がるのを待ち，それを食べるだけの生活は，いつまでも続
かないことを理解させたいところです。

　これまでに食べたものによって皆さんの体がつくられているように，これ
から食べるものが，これからの皆さんの体をつくっていきます。大人になれ
ば，何を，いつ，どれだけ，どんな方法で摂るかを知っておかなければなり
ません。健康的に生きていくためには，これは絶対に必要な力です。

　「卒業後は，自分で健康的な生活を営むための努力ができる人になってほ
しい」という担任からのメッセージです。給食は，「何を，どれだけ食べれ
ばよいか」を知るための1つの指標です。その日の給食ではどんな栄養素が
含まれていたかをクイズにして出すのもよいかもしれません。

　給食も，ただ食べるだけでなく，より効果的に活用する方法があるはずで
す。栄養士さんが成長期の皆さんのために考えた献立です。どんなものが，
どれだけ入っているかなど，自分なりに考えてみることをおすすめします。

　このように，給食をできるだけ活用しようと思うようになれば，これまで
は嫌いな食材は残していた生徒や，量を極端に減らす生徒も，少しずつ考え
方が変わってくるかもしれません。給食指導とは，無理矢理食べさせること
ではなく，食事に対する価値観を高めていくための指導です。

給食

給食のシステム

1 役割分担

　基本的に，給食当番は1班6〜7人で構成します。この班分けをするときには，担任が出席番号順で決めたり，生徒の行動の様子を見て意図をもって決めたりします。3年生になれば，だれがワゴンを取りに行くとか，どの食器を担当するとかを担任が決めず

とも自分たちで決められるように育てていくことが理想です。最低限の枠組みは担任が決めて，あとは生徒に委ねてみましょう。はじめは失敗をするかもしれませんが，繰り返していくうちに，どんな方法だと効率的に準備ができるか，当番を1つのチームのように考え始めるようになります。そうなれば，あとはもう生徒に任せて担任は他の生徒の様子を観察していればよいでしょう。

　ただし，生徒が決めたことでも，担任が「それはおかしいな」と思うようなことがあれば，はっきりと指摘し，改善を促しましょう。

2 給食準備中の担任の指導

　これはシステムとは少し違いますが，給食準備中に担任が指導すべきことをあげておきます。給食当番には，上記のようにできるだけ効率的な方法を

自分たちで探させればよいでしょう。

　一方で，給食当番以外の生徒にも，担任や学級役員の声かけは必要です。例えば，何も仕事がない生徒は，速やかに手洗いや手指消毒を済ませ，自分の座席に座っていなければなりません。このとき，手指消毒を済ませた後ですから，読書や課題に取り組ませることはもちろんＮＧです。ただ座っているだけではなく，自分の近くの座席の給食がすべてそろっているかどうかを確認させれば，配膳にかかる時間はさらに短くなります。

　給食当番や係以外の生徒を含めて，全員が協力しようとする体制をつくることが大切です。

3 おかわり

　3年生では，配膳の段階ですべての食缶を空にするように指導しましょう。配膳が終わったのに，元の量の半分が余るというようなことは避けなければなりません。

　そのうえで，まずは減らしたい生徒に声をかけ，食べきれないものを減らすことを認めます。ただし，生徒に自由に減らさせることは禁物です。こういう場合は，担任が声をかけながら，生徒の合意のもと，がんばれそうな量を決めていくプロセスが大切です。

4 食後の「今日の給食クイズ」

　牛乳の色がどうして白いのかご存知でしょうか。これは，牛乳の中のたんぱく質や脂肪の微粒子が光に反射することで白く見えるのですが，生徒に尋ねると，ほとんどは「カルシウムが白いから」と答えます。当たり前のように毎日体内に取り入れている食材について，ほとんど知らないのです。毎日とはいきませんが，健康的な生活を営むためにも，担任がこういったクイズを準備して，食後の余った時間に班ごとに「クイズ大会」をしてみてはどうでしょうか。

教室トーク
「最上級生としてどんな姿を見せるか」

1 話し始める前に

　1，2年生は，3年生が普段どのように過ごしているかを見ることはできません。棟が分けられている学校も多いでしょうから，普通に生活をしているだけでは，3年生と関わることも難しいのです。

　しかし，掃除の時間には，1年生が3年生の棟に掃除に来ることもあれば，特別教室では2年生に近い場所を3年生が掃除することもあります。だからこそ，3年生は最上級生として後輩に模範を示し，掃除にしっかり取り組む姿を見せてほしいものです。

　3年生が掃除にしっかりと取り組まず，遊んでいる様子を下級生が見てしまえば，その瞬間に最上級生としての信頼を失ってしまいます。3年生の教室や廊下，階段が汚れていれば，下級生の教室や廊下も同じように汚くなっていくことでしょう。

　最上級生は，それほど下級生に影響力をもっていますから，3年生は率先して掃除に励み，後輩が真剣に掃除に取り組めるような雰囲気をつくることを心がけさせたいものです。

2 トークの概要

①下級生はいつでも3年生を憧れのまなざしで見ている
②見ているのは掃除の姿だけではない
③最上級生として何を残すか

最上級生としてどんな姿を見せるか

　あるとき，1年生が「先輩たちが一生懸命掃除をしている姿を見て，自分も見習いたいと思いました」と言っていたそうです。皆さんが1年生のころ，3年生を見て「カッコいいな，ああいうふうになりたいな」と思ったように，今は君たちが後輩にその姿を示すときなのです。下級生はいつでも，3年生を憧れのまなざしで見ていますよ。

　最上級生としての自覚が高まる話をしましょう。「叱られるからやる」ではなく，「当たり前のことを当たり前にやろう」という意識づけが大切です。

　下級生に見られているのは，掃除の姿だけではありません。1年生が部活動のミーティングで3年生の教室に入ったとき，そのきれいさに驚いたそうです。また，廊下や階段にごみやほこりが落ちていないのを見て，掃除の時間にいかに3年生がしっかりと取り組んでいるかを感じたそうです。見ているのは掃除をしている姿だけではないのです。

　きれいな教室，廊下，階段を見れば，どれだけ一生懸命掃除をしているかを感じ取ることができます。

　皆さんが卒業するとき，この中学校に何を残せるでしょうか。皆さんの机やいす，教室がこれだけ気持ちよく使えるのも，何世代も前の先輩たちが一生懸命掃除をしてきたからです。皆さんも同じように，最上級生として，これからこの学校をよりよくしていこうと努力する後輩に，きれいな学校を残すことができます。そういう気持ちをもって，掃除に励んでください。

　歴代の先輩たちの努力があって，これだけ気持ちよく学校で過ごせている，ということを感じてもらいたいですね。自分がそんな気持ちをもつことができたなら，これからこの学校で過ごす後輩にも，同じ思いをもってもらいたいものです。

掃除

教室掃除のシステム

1 役割分担

　掃除分担場所を決める際には，ある程度の班の編成は教師が決めます。給食当番表を併用したり，生活班で担当場所を分けたりするなど，ねらいに応じたやり方で決めればよいでしょう。

　3年生にもなれば，ほうきや雑巾など，どんな掃除道具を用いるかは生徒に決めさせてもよいでしょう。教師が一律に決めてしまうのではなく，生徒同士でコミュニケーションを取って決定させることが大切です。そう

することで，「こんな掃除分担をつくってみるのはどうですか？」と生徒から提案するようになります。また，自分で決めた役割ですから，不満をもつことなく掃除に取り組ませることができます。

　ただ，掃除のチャイムが鳴ってから役割を決め始めるのでは遅過ぎますから，それまでには，何を担当するかをあらかじめ決めさせておきましょう。

2 掃除のシステムはあえて変えない

　3年生だからといって，掃除のシステムをあまり大きく変えてはいけません。生徒が2年間で慣れた方法で掃除をさせた方が指導も楽になりますし，

清掃指導をするのは担任だけではないので，学年・学校で統一した方法でやり続ける方がよいでしょう。年度はじめの職員会議で，担当者から全体提案があるはずですから，その方法に従えばよいでしょう。あまり大きく掃除のシステムを変えてしまうと，かえって生徒が混乱してしまう恐れがあります。ねらいがあって変える場合は，清掃指導の担当者や学年主任に相談のうえで，慎重に決めましょう。

3 前向きに清掃に取り組ませる工夫

　生徒が掃除に消極的な場合，「きちんとやりなさい！」と厳しく指導をしますか。それとも，「どうしたの？」と声をかけますか。

　消極的な生徒がいたら，声をかけて，まず一緒にやってみてはどうでしょうか。そして「先生とあなた，どちらが雑巾を真っ黒にできるか勝負をしよう！」ともちかけます。そうすると，案外やる気になるものです。

　また，テレビドラマに出てくる姑役の役者さんのように，床の隅を指でなぞって，ほこりがついていないかチェックをします。はじめのうちは，「先生，細か過ぎ！」と言われますが，同じ方法でチェックをして，ほこりがまったくつかなかったときの生徒の「どうだ！」と言わんばかりのうれしそうな顔は忘れられないものです。

　下の文章は，卒業するときに，ある生徒が書いてくれたメッセージの一部です。これだけ掃除が嫌いだと言っていた生徒が，楽しく取り組むようになったことがうれしかったです。しかめっ面で指導しなくても，教師のやり方次第で，生徒は自然に掃除に取り組むようになります。

> 私はそうじの時間が本当にきらいで何であるんだろうと思うことが多かったけど，先生の姑チェックや床ぞうきんもいっしょにやってくれたもののお陰で楽しくそうじに取り組むことができるようになりました。特に体育館でのエキンも精様も全力で楽しめたし応援でもH

特別教室掃除のシステム

1 役割分担

　特別教室の役割分担の決め方も，教室掃除と変わりません。同じように，ある程度は担任が決めて，あとは生徒に決めさせるとよいでしょう。ただし，その分，生徒をよく観察し，どんな行動を取っているかを把握する必要があります。自分勝手なことを言い出して，まわりの生徒が嫌な思いをすることも出てくるかもしれません。しかし，もう3年生ですから，そういったことにも，できるだけ自分たちで対処できるようにしなければなりません。生徒同士のトラブルには，すべてに口を挟むのではなく，生徒の話を聞いてどのように対処すべきかアドバイスをしたり，時として様子を見守ったりすることが大切だと考えます。

　どんな方法で役割分担を決めるにせよ，役割が固定化してしまうのはいけませんから，そういった場合を想定してルールを決めることも必要かもしれません。ローテーションは，1週間から2週間で交替するようにするとよいでしょう。

2 掃除の様子の観察

　ある学校のトイレは，いつもスリッパが整頓されていませんでした。いつ見に行ってもバラバラ，ひどいときには，便器まわりも小便が飛び散っていたり，ごみが落ちていたりすることもしばしばでした。

　トイレ掃除の生徒は，そのようなトイレの状況があるわけですから，当然，はじめはトイレ掃除をやりたがりません。それでも，掃除が始まると「自分の仕事だ」とわりきって，一生懸命に便器を磨くのです。しかし，翌日には

また同じ状況が続きます。

　それを見かねたある先生が,「トイレ掃除の生徒がどれほど一生懸命に掃除をしているのかを知ってほしい」と撮影した1枚の写真。これをトイレに掲示したのです。すると,スリッパが整頓されるようになり,便器も比較的きれいで,ごみが落ちていることもなくなっていきました。

　日頃,何も考えずにただ用を足していた生徒が,いつもきれいに掃除をしてくれる仲間がいることを知り,自分の行動を省みた結果なのでしょう。それからは,いつ見てもトイレのスリッパがきれいに整頓されているトイレになったそうです。

　特別教室は,見回り担当教師の目が行き届かないことも多いでしょうから,こういった工夫をして,より美しい学校へと生徒の意識を変えていきます。

教室トーク
「『引退後』を大切にしよう！」

1 話し始める前に

　3年生にとって，夏の大会やコンクールは，集大成の場となります。3年生の中にはチームの中心として活躍している生徒もいれば，出場機会の少ない生徒もいます。同学年でも部内での立場に違いがあります。このような時期だからこそ，いま一度部活動の意義を考えさせたり，3年間の取組を振り返る機会を設けたりします。どのような結果を残したかではなく，目標に向かってどれだけ努力できたのか，成長できたかを大切にしていこうと生徒に語ります。

　大会やコンクールを最後に3年生は引退します。部活動が中心であった今までとは生活が大きく変わります。また，進路選択も近づき，不安を抱えて生活する生徒も増えます。大会後の学級の時間で部活動の取組を振り返ります。部活動を通して何ができるようになったのか，成長したことをどのように学校生活で生かしていくのかなどを考えることにより，気持ちの整理をさせます。

2 トークの概要

①残りの活動日（残りの日数を考えさせることにより意欲を高める）
②部活後の姿（具体的な姿を想像し，交流させる）

「引退後」を大切にしよう！

> あなたの部活動は，大会やコンクールまであと何日練習できますか？

　残りの日数を考えさせることにより，練習にしっかり取り組もうという意欲をもたせます。

> ８月中旬には，どの部活動の生徒も引退します。あなたはどのような姿で引退したいですか？

　ペアやグループで交流させます。必要に応じて，全体の前で発表させるのもよいでしょう。引退時の姿を具体的にイメージさせることにより，技術だけでなく，人間的に成長していこうとする意識を高めます。

> 　夏の大会やコンクールは，皆さんの集大成の場となります。全国大会で優勝しない限り，いつか負けるときが来ます。負けたときに悔しい気持ちが生まれるのは当然です。しかし，「やりきった」「悔しいけど後悔はない」と胸を張って引退し，後輩や顧問の先生，保護者の方々に誇らしい姿を見せてほしいと思います。

　顧問だけでなく，学級担任からも部活動の意義や生徒への想いを伝える機会があるのはよいことです。

> 　より大切なことは，部活動での成長を今後の生活でも継続することです。部活動ではあいさつができるけど，学校ではあいさつができない。それでは意味がないですよね。３年間の部活動で身につけた力を，今後の生活でも生かしてください。

　学級担任として引退後の話をします。部活動が終わると，学校生活が乱れてしまう生徒を見かけます。部活動顧問と担任，学年主任などが連携して，引退後を大切にしていこうという意識をもって生徒と接することが大切です。

部
活
動

部活動激励会

ポイント
1 日めくりカレンダーで盛り上げる
2 部活動激励会で意欲を高める

1 日めくりカレンダーで盛り上げる

　3年生にとって夏の大会は，入部してから今までの集大成です。お互いのがんばりを認め合い，ともにがんばっていこうという意識を高めます。カレンダーは1人1枚作成します。内容は大会における思いや部活動の仲間に対する感謝の気持ち，学級の仲間を応援するメッセージです。短学活の時間に5名ずつ決意を述べます。書くだけでなく，言葉で発することにより，大会への意識が高まります。可能であれば，学年共通で実施し，学年全員の掲示物を廊下に掲示すると効果的です。

2 部活動激励会で意欲を高める

　夏の大会前に，部活動激励会を行う学校も多いでしょう。最後の大会にかける思いを表現し，学校全体で気持ちを高め，大会やコンクールに臨む覚悟を決める重要な会です。代表で部長が話すことが多いと思いますが，校歌や入場などの場面で，最上級生にふさわしい態度で臨もうと伝えます。行事や部活動は大きな成長のチャンスです。結果だけでなく，人間的な成長の面も大切にしたいものです。

結果だけでなく大切にしたいこと①

結果だけでなく大切にしたいこと②

教室トーク
「仲間とチームで立ち向かおう！」

1 話し始める前に

　3年生になると，進路について不安や心配を口にしたり，相談用紙に悩みを記載したりする生徒が出てきます。進路学習において大切なことは，そういった生徒の不安や心配を少しでも軽減することではないでしょうか。

　まずは，進路に関わる動きについて1年間の見通しを具体的に描き，生徒と教師がその見通しを共有することです。進路に関わるスケジュール表を用いながら，生徒とともに丁寧に確認することが大切です。

　次に，進路はチームで立ち向かうという点です。進路というと，自分の進路に向けて個々が取り組むと考えがちですが，そうではありません。同じ状況にいる仲間と支え合い，高め合いながら取り組むことを確認しましょう。そうすることで，学級集団の高まりにもつながります。

　そして，担任として一人ひとりの状況を確認することも大切にします。学校生活や成績だけでなく，家庭の状況も可能な限り把握しておきましょう。進路決定において生徒と保護者の思いにずれが生じることもあるからです。気になることはいつでも相談するよう生徒に伝えておくことが大切です。

2 トークの概要

　①進路決定の見通し
　②進路はチームで立ち向かうもの
　③不安や心配はいつでも相談を

仲間とチームで立ち向かおう！

> いよいよ，進路と向き合う年になりました。今日は，進路について１年間のスケジュール表を用意したので，どのような流れで進んでいくのか，見通しをもちましょう。

１年間のスケジュール表を準備して，一つひとつ丁寧に説明していきましょう。一方的な説明ではなく，質問を受けながら確認していきましょう。

> 進路については，今確認したような流れで１年間進めていきます。取り組む中で，みんなに大切にしてほしいことは「進路はチームで立ち向かう」ということです。自分の進路についてそれぞれが向き合っていくだけのように感じますが，決してそうではありません。これから，進路に関わる不安や心配で悩むことが出てきます。でも，それはみんな同じです。同じ状況の仲間と支え合い，高め合いながら，チームで立ち向かっていきましょう。

進路に対する不安や心配はどの生徒にもあります。そこで，同じ学級の仲間とどのように関わることが大事なのかについて交流してみてもよいでしょう。このときに，学級目標や教師の願いと関わらせて確認ができると，学級の高まりにつなぐことができます。

> 進路のことは，どれだけ個人で努力しても，仲間と力を合わせても，不安や心配が出てきます。それはみんな同じです。自分自身の悩みもあれば，家族と意見がずれることも出てきます。心配なことや不安なことがあるときは，いつでも相談してください。もちろん，先生も一緒に考えます。

人生ではじめて大きな決断をするという生徒がほとんどだと思います。不安や心配のある生徒に対して，「先生も一緒に考えていくよ」という思いを伝えることで，生徒の不安や心配は少しは軽減されるでしょう。生徒，保護者，教師も含めた「チーム」で進路に立ち向かえるようにしましょう。

進路学習

環境づくり

ポイント
1　高等学校や先輩の話を聞く機会を設ける
2　進路に関する情報を得るための場所を設ける

1　高等学校や先輩の話を聞く機会を設ける

　自分に最適な進路を決定するためには，「自分について知ること」と「進路先について知ること」が大切です。学校によっては，1，2年生から高等学校の説明会や先輩の話を聞く会が計画設定されているかもしれませんが，こういった直接説明を聞く機会は，生徒に大きな影響を与えます。また，高等学校の見学会や職業体験も行われるでしょう。その機会に得た情報を個人のものとしてとどめてしまうのはもったいないので，プリントにまとめて掲示したり，仲間と交流したりして，学級や学年で共有することで，多くの学校や職業について情報を得られるような工夫をしていきましょう。

2　進路に関する情報を得るための場所を設ける

　進路に関する情報を短い期間で周知したり，共有したりする状況も出てきます。また，見学会の案内や確認なども随時行われます。そういった情報を共有できるように，教室内に進路通信を掲示したり，高等学校や職業案内所からの資料をまとめて保管する場所を設置したりしましょう。進路に関する情報を生徒がいつでも確認できる環境づくりも非常に大切です。

高等学校の特徴や生活の様子について，高等学校の教師や先輩から説明を聞く様子

教室の一角にまとめられた高等学校や職業案内所からの資料

教室トーク
「仲間と支え合いながら挑戦しよう！」

1 話し始める前に

　3年生は文字通り「進路選択」の年です。このことは2年生時から繰り返し伝えていますが，進級して，進路説明会等を経験する中で，少しずつ実感がわいてくるものです。そういった中，3年生で迎えるはじめての中間テストは，絶好の指導のチャンスです。

　その際，まず伝えたいのは，定期テストでよい結果を出すことが自分の進路選択に直結するということです。なぜなら，中学校の成績は入試選抜の重要な判断材料になるからです。そしてもう1つ，中間テストは出題範囲が限定的で，努力が結果につながりやすいということです。

　そのために，1か月前という早い段階から計画を立て始め，その間の勉強が段階的に進むよう助言していきましょう。そして，テスト勉強はあくまでも自分の努力が基本ですが，義務教育最後に出会った学級の仲間との支え合いが大きな励ましになることも，担任の経験を踏まえて話しましょう。

2 トークの概要

①3年生の定期テストの意味（進路選択と関連させて理解させる）
②中間テストに向けた取組（年間のテスト計画を示し，中間テストの取組期間，目標，方法などをイメージさせる）
③学級で取り組むことの意義（学級や班の仲間と支え合って乗り越えていくことの大切さを伝える）

仲間と支え合いながら挑戦しよう！

あと約１か月で，中学校に入学して３回目の１学期中間テストですが，これまでとは違って，プレッシャーを感じているという声が聞こえてきます。３年生といえば進路選択の年であり，そのための重要な資料となる成績に，直接影響するテストだと思うと，やはり緊張するものです。

中間テストに対してやはり不安だし，これまで以上に緊張するという声を引き合いに出しながら，３年生の定期テストがもつ重要性をしっかりと確認しましょう。

皆さん，これを見てください。今回の中間テスト以降，３月までたくさんのテストが計画されていますが，まずは今回のテストで，少しでも満足のいく取組を行い，その後につなげていきましょう。定期テストは成績に直結しますが，中でも中間テストは，出題範囲が限られているので，努力が結果につながりやすいと言われます。そのために，まずは今から１か月先を見て計画を立てましょう。１，２年生での勉強を振り返り，克服したい教科や家庭で確保したい勉強時間など，自分に合った取組を考えてください。

年間のテスト計画を電子黒板などで共有します。そのうえで，進路に対する漠然とした不安ではなく，範囲が決められた中間テストだからこそ，しっかりと取り組み，結果を出すことが大事であることを伝えていきましょう。

そして，もう１つ。皆さんに大事にしてほしいことがあります。それは，仲間との支え合いです。勉強はあくまでも個人で行うものですが，だれも経験したことのない進路選択に立ち向かうにあたり，学級や班の仲間が大きな支えになります。お互いに温かく励まし合って，取組を進めていきましょう。

担任の経験を踏まえて，義務教育で出会う最後の学級や班の仲間の大切さとその値打ちについて，十分に語っていきましょう。

中間テスト

テスト計画づくり

ポイント
1 仲間と交流する場を設ける
2 4段階に分けて計画を立てさせる

1 仲間と交流する場を設ける

　中学校で3回目の1学期中間テストですが，あと数か月で進路選択を迎える生徒にとっては，これまでと意味や重さが違います。しかし，学校行事や部活動などもあり，なかなか勉強に身が入らない生徒もいるのではないでしょうか。そこで，まずは将来の夢について，お互いのよさやこれまでの生活や学習のがんばりとつないで仲間と交流する場を設けてはいかがでしょうか。意外と仲間の反応が励みになるものです。そういった前向きなムードの中で，夢に近づく大きな一歩として，中間テストへの取組を具体化しましょう。

2 4段階に分けて計画を立てさせる

　2年生が終わるまでに，自分からコツコツと学習する態度を育ててきました。しかし大事なことは，テスト勉強に3週間取り組むにしても，途中でやり方のギアを切り替え，自分で調整しながらテスト当日に向かうことです。例えば，テスト範囲が示される2週間前とその後，部活動がなくなる1週間前，そして直前といったように4段階に分けて，テスト勉強の量や集中度を具体的にイメージすることを計画表づくりの段階で大事にしていきましょう。

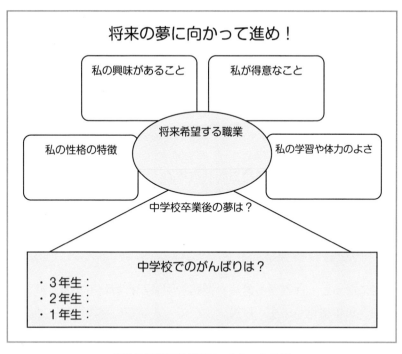

自分の将来を考えるワークシートの例

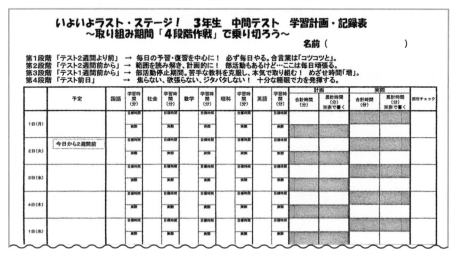

4段階に分けて考えるテスト計画

テスト対策

ポイント
1 だれもがもつ不安な気持ちを共有する
2 仲間との教え合いで乗り越えさせる

1 だれもがもつ不安な気持ちを共有する

3年生になると，保護者も含めた進路説明会が行われるなど，進路選択に向けた動きが本格化します。授業についても，学校行事の取組と並行して，積極的な姿勢づくりに取り組むことが多くあります。しかし，一見前向きに授業に臨んでいるようでも，多くの生徒が希望校合格について大きな不安をもっています。そこでまずは「だれもが不安なんだ」ということを，仲間の作文などを使って共有しましょう。そして，「だからこそみんなで力を合わせてテスト勉強に向かっていこう」という意識を学級内に醸成しましょう。

2 仲間との教え合いで乗り越えさせる

1，2年生時に身につけた学習態度を基盤としつつ，3年生では，お互いの不安な気持ちをわかり合った者同士による「教え合い学習」を充実させましょう。授業中だけでなく，朝や帰りの会についても自分たちで工夫して，班による「教え合い学習」の時間を設定する方法をおすすめします。わからない点を素直に出し合い，みんなでテストに向けて教え合っていく仲間づくりは，まさに「受験は団体戦」の意味を実感できる大切な指導です。

ぼくは，去年まで，年に数回挙手するかしないかでした。それに比べて今は，夢のように進んで発言できるようになりました。がんばった成果があったというか，自分は成長したなぁと思えて，とてもうれしいです。

　今思うと，1，2年のころは一番後ろの席でロッカーにもたれていたり，わからなくなると居眠りをしていたりしたときもありました。でも3年になり，テストに向けて授業に取り組み始めてから，みんなたくさん挙手をするし，同じ班の●●君や○○さんがよく助けてくれました。ぼくは，がんばって高校へ行きたいと思っています。でも不安があります。家に帰ってから，自分で問題を解こうとしても，やっぱりできないんです…。

不安な気持ちを打ち明けてくれた仲間の作文例（抜粋）

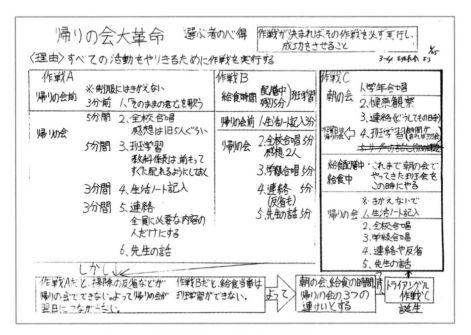

班学習を設定した帰りの会の改革案

教室トーク
「席替えの前に」

1 話し始める前に

　座席の配置については，①男女ジグザグ型（市松模様型），②男女別列順，③男女区別なしの３種類が一般的です。どの配置を選ぶにしても，教師の意図は必要ですが，座席の配置は学年で統一することが望ましいでしょう。１組は男女別，２組は男女区別なしなどとすると，学級間での差異に不満が出てきます。

　教室は自由な空間ではありません。学校生活の中で，生徒に社会的な人間関係を学ばせることが大切です。席替えは，社会的なルールを学ばせるよい機会になります。

　３年生は義務教育最終年度です。学級経営の一環として，生徒たちに任せる機会にすることも１つの手段だと思います。大切なのは席替えをすること自体ではなく，席替えを通してどのような姿を実現したいのかを考えることです。席替えに限らず，一つひとつの活動に目的意識をもって教育活動に取り組みます。

2 トークの概要

①席替えをする理由（生徒の考えを引き出す）
②担任としての思い（生徒の考えも大切にしながら）
③席替えの方法を相談すること（席替えを目的にしない）

トーク

席替えの前に

> どうして席替えをするのでしょうか。時間もかかるし，４月当初の座席の ままでもよいのではないでしょうか。

　質問から入るのは，生徒を集中させるためです。一方的に話すと飽きられ ます。生徒からは「いろいろな人と仲良くなるため」「学級のみんなのこと を知るため」などの返答が予想されます。教師から目的や意義を伝えるばか りでなく，生徒から意見を引き出すことも大切です。

> そうですね。先生は，皆さんに学級の多くの人と関わってほしいと願って います。もちろん仲のよい人がいるのはすばらしいことですが，話してみる と趣味が合う人，気が合う人が見つかると思います。何より，この学級は１ つの集団です。修学旅行や体育祭，合唱コンクールなど，学校行事も３年生 ではあります。そのときだけ協力する，団結するのではなく，普段からチー ムワークよく生活していってほしいです。そのためにも，できるだけ多くの 人と関わっていきましょう。

　生徒の意見を引き出した後，１年間を見通したうえでの担任の思いを伝え ます。席替えに限らず，見通しを示すことは大切です。

> 皆さんはもう中学校３年生です。席替えの方法を自分たちで決めてほしい と思います。班長たちが相談して決める，くじで決める，先生が決めるなど， いろいろな方法があると思います。

　教師が押しつけるのではなく，生徒が主体的に学級のことについて考える 場になります。自分たちで話し合って決定したことなので，納得して席替え に望むことができます。席替えをすることが目的ではなく，席替えを通して， どのような力を身につけさせたいのかを考える必要があります。

席替え

089

席替えのシステム

1 班長や代表が決める

班長を選びます。例えば，生活班が8つであれば，男女4名ずつ選びます。

班長は立候補と推薦を併用し，学級全員で投票して決定します。

以下の基準で投票するように生徒に伝えます。

①まわりを見て，だれに対しても声をかけている。

②学習・生活態度が他の模範となっている。

③係や委員会の仕事に責任をもって取り組んでいる。

④みんなをまとめることができる。

班長が決定したら，8名の班長で班員や座席を話し合います。班長には以下の基準で話し合うように伝えます。

①しっかりと学習に取り組めることが最優先。

②班長の好き嫌いで班員を選ばない（そのようなことがあれば，次回からはすべて教師が決定すると伝えます）。

③身長や視力の配慮をする。

年度当初は，教師も話し合いに参加します。基本的に口は出しませんが，上の基準で話し合えているかどうかを見ます。年度後半になると，休み時間を活用して自分たちで決定できるようになります。

座席決定後に新しい座席を生徒に伝えます。

「班長たちが学習面・生活面などを考えて決定してくれました。万が一，変更してほしい場合は，本日中に班長または先生に申し出てください」

だれとでも関係を築く力を育成したい反面，それが難しい生徒もいます。席替えがきっかけで欠席することもあるので，個に応じた配慮は必要です。

2週に1回程度，班長から各班の現状を確認したり，教師が思っていることを伝えたりする機会を設けるとよいでしょう。自分の班のことをしっかり把握するきっかけになり，班長の成長にもつながります。自学級に目が行き届かない時間が長い中学校の担任にとっては，現状把握の助けにもなります。

2 くじ

　くじは，中学生でも喜びます。座席図を黒板にかき，男子用・女子用のくじをそれぞれ引いてもらい，黒板にネームプレートを貼らせるだけです。同じ学級のどのような生徒とも関係を築いてほしいですが，関係の悪い生徒が隣同士になったり，トラブルの多い生徒が近くの席になったりする可能性もあります。「席替えメーカー」という席替え専用アプリも有効です。「目の悪い生徒を最前列にする」「トラブルが起こる生徒を離す」など，詳細な条件設定を行うことが可能です。

3 教師が決定する

　人間関係や，身長・視力等の配慮事項を基に決定します。教師の意図を反映させやすい反面，生徒の不満が起こりがちです。

4 男女別方式

　男子の席と女子の席をあらかじめ決めておき，まず男子だけが教室で席を決めます。次に女子が教室でどの席に座るのか決めます。最後に，教室に全員が入り座席に座ります。

　効率よく決定するのか，公正に決めるのか，どのような力を育成したいのかを考えて，席替えの方法を選択しましょう。

テスト対策

> ポイント
> 1 振り返りを取組の土台にする
> 2 班会議での交流を大切にする

1 振り返りを取組の土台にする

　進路選択に大きく影響を及ぼす３年生の定期テストは，昨年度までと比べると１回の重みが違います。そこで，計画を立てる前に，中間テストで感じていた反省をいま一度振り返らせましょう。前回の取組から得られた手ごたえを再度思い起こし，今回の重点教科や目指す勉強時間，取組方法を決めます。そのうえで，今回の期末テストにかける思いを班内で交流し合い，付箋にコメントを書いて，ワークシート上で交換してみましょう。お互いの気持ちをわかり合うことは，「よし，がんばろう」という意欲につながります。

2 班会議での交流を大切にする

　３年生では，テスト勉強についても，常に仲間との励まし合い，支え合いを大切にします。毎日の朝の会で，それぞれが何をどれくらいの時間取り組んだのかを交流する班会議を大切にしましょう。短い時間ですが，「努力の見合い」と称して，自分で解決できなかったこと，手ごたえを感じた学習の仕方，家庭で特に努力したことなどを交流し，励まし合うことで，最高の結果につなげましょう。温かな人間関係づくりは意欲の源泉になります。

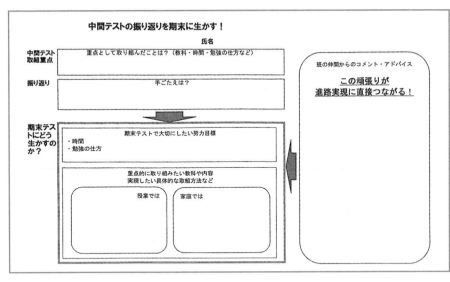

振り返りを期末テストに生かすワークシート例

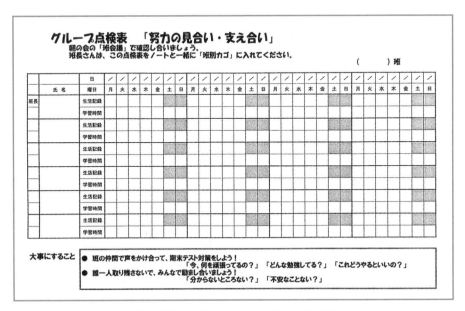

班の仲間同士で努力を見合うグループ点検表

班学習

> **ポイント**
> 1 班学習に取り組ませる
> 2 認め，励まして，生徒を勇気づける

1 班学習に取り組ませる

　3年生2学期末段階の成績は，進路選択の大きな判断材料になることを生徒は知っています。そのために，この時期，気持ちが苛立ち，学級内の人間関係でトラブルになることがあります。一方で，お互いの不安な気持ちを素直にわかり合うことができれば，一気に支え合える関係に高まることも事実です。その取組として，班で教え合う「班学習」に取り組んではどうでしょうか。家庭学習でわからなかったところを各自が持ち寄り，質問し合うのです。大きな行事もすべて乗り越えてきた3年生の仲間だからこそ実現できる頭を寄せ合って教え合う姿は，3年生らしくたくましいものがあります。

2 認め，励まして，生徒を勇気づける

　生徒は，前向きで温かな集団の一員として受け入れられていることを実感できれば，心理的に安全・安心を感じ，結果として大きな学力の伸びにつながります。「受験は個人戦ではなく団体戦だ」という言葉は，期末テストにも当てはまります。そのために，支え合う，教え合うといった生徒が見せる姿の価値をしっかりと捉え，学級全体の高まりとして大いに認め，励ましましょう。この時期の担任の大事な仕事の1つです。

自主的な朝の班学習の風景

　7月4日の朝8時ごろ，いつものように私が教室に行くと，すごい光景が広がっていた。全班が班学習を行っていた。しかも，シーンとしているのではなく，「ここがわからないから教えて！」「もう1回教えて」などの声が上がって，とても活気があった。思わず写真を撮ってしまった。

　行事が終わったばかりなのに，ちょっとほっとしたいはずなのに…。担任の私の思いつかないような朝の光景が広がっていた。とても感激して，うれしいはずなんですけど…なんだかみんなが少し遠くに行ってしまった気がして，少し寂しくもあった。だれが声をかけたのか。班長たちが班員に声をかけ合っているようだ。それに応える大勢の仲間たちもとてもすてきだ。朝の会で私は，うまくみんなをほめる言葉が見つからなかったけど，4月からのこれまでの歩みが，みんなを大きく成長させたことを本当に感じた。今更ながら，「受験は団体戦」って言葉の意味を3年○組の姿から学びました。みんな，苦しい中本当にがんばっているよね。でも，この仲間とだったら，個人戦ではなく団体戦で乗り越えていけると確信できます。残された時間は，確かに少ないかもしれないけれど，それならそれで，残された時間を，精一杯仲間と本気で関わり抜こう。

教え合いを認め，価値づける担任のメッセージ

教室トーク
「自分自身を見つめよう！」

1 話し始める前に

　3年生になってはじめての通知表。そこには1，2年生のときとはまった
く違った思いや感情があります。「進路決定」という大きな人生の選択が待
っているからです。

　この1学期は，通知表を手渡す際に，「自分自身を見つめる」ということ
をテーマに話をします。進路決定は，結果的には進学先や就職先を決めるこ
とになりますが，その過程において「自分自身を見つめる」という大変重要
な活動があります。それは，自分自身だけでなく，家族や学校の先生，友人
をも巻き込んだ大切な活動です。そこでこの1学期は，通知表を目の前にし
て，自分自身を見つめることの大切さを生徒に伝えていきます。学習だけで
なく，生活面を含めた通知表の記載から，2学期以降の進路決定活動の重要
性を意識させていきます。

2 トークの概要

①通知表全体の記載確認（自分自身を見つめるきっかけづくり）
②通知表の項目の確認（学習や生活などの項目の確認をさせる）
③自分自身を見つめることの大切さ（進路選択は自分自身を見つめるこ
　とを認識させる）
④2学期以降の自分の姿（2学期以降の自分の姿を想像させることによ
　り，進路決定への意欲をもたせる）

自分自身を見つめよう！

　3年生最初の通知表を手渡しました。学習の評価に目が行くと思いますが，いま一度通知表全体を見渡してください。

　通知表全体をじっくり見ることで，学習だけでない他の記録を意識させるようにします。

　皆さんの通知表の中には，学習の評価はもちろんですが，他にも様々な記載がされています。生活の記録や行動面での評価，特別の教科　道徳の評価など，様々な面から皆さんの活動を記録し評価しています。この通知表をじっくり眺めることが，自分自身のことを見つめ直すきっかけになります。

　学習面の評価に目が行きがちな生徒に他の様々な面から評価されていることを再確認させて，自分を見つめ直すきっかけとします。特に生活面や行動面の記載に注目させることが大切です。

　3年生は，皆さんもよく知っているように，進路を決定する大切な学年です。当然，進学先や就職先を決めるのですが，それだけが進路決定ではありません。その過程で「自分は何者か」ということを考える時間でもあります。つまり，自分自身を見つめる活動であるということです。この通知表には自分を見つめ直すヒントがたくさん隠されています。生活面や行動面も含めていま一度見つめてみましょう。

　自分自身を見つめるきっかけに通知表を活用してほしいということを生徒に伝えます。進路決定に向けて意識を高めるねらいもあります。

　では，2学期以降の自分の姿を思い浮かべながら，いま一度通知表を確認してみましょう。

　再度通知表を確認させることで，自分自身を見つめるきっかけとします。

通知表

所見文例

●3年生になって行動に変化が見られた生徒

> 3年生になり，自分の将来に対する目標を明確にもてるようになり，自分から進んで学級の仕事やボランティア活動に取り組めるようになってきました。周囲への感謝の気持ちが言動に現れてきています。

変化を認めるのと同時に，その背景にある生徒の思いまで記述することにより，メンタルの部分の成長に関連させることが大切です。

●探究的な学習において顕著な成果を上げた生徒

> 「美」をテーマとした学習において，美術作品に描かれた風景の中の自然の神秘や美に強く感動し，人間の力を超えたものへの畏敬の念について深く考えることができるようになりました。

こうした生徒の内面に関わる内容は，生徒の書いた振り返りの記述などを参考にして記述するようにします。

●自分の行動に自信がもてない生徒

> 基本的な生活習慣がしっかり確立され，友人とも良好な関係を築くなど，だれにも真似できないほど，実に見事な学校生活です。

生徒が気づいていないよさを力強く伝えることを大切にします。

●道徳の学習において人間理解を学んだ生徒

　　主人公に自我関与することを通して，弱い自分，醜い自分とは何かを考え，それを超えていくためには周囲への感謝と損得を抜きにした利他の思いが必要であるということに気づくまでになりました。

価値理解だけでなく人間理解にも目を向けた評価も大切な視点になります。

●生徒会活動に尽力した生徒

　　生活習慣向上キャンペーンの実施について生徒議会で何度も話し合い，議長として多様な意見をまとめることに尽力することができました。

委員会の活動に関する情報を一括管理する情報共有が大切になります。

●委員会の先頭になって活動した生徒

　　選挙管理委員長として，全委員の先頭に立ち，役員選挙の立候補受付から開票作業までを滞りなく実施することができました。

３年生は全校の場での活動が増えます。その場面を捉えることが大切です。

● SNS でのトラブルに関わった生徒

　　情報モラルを取り上げた新聞記事についてのパネルディスカッションを興味深く聞いていました。今後の自分の生き方の参考になります。

トラブルに関わる内容を前向きな言葉で表現することが大切です。

通知表

●勉強と部活動の両立ができていない生徒

　3年生になり，部活動の中心選手として精力的に練習に励むことができました。この意欲は，今後，学習の面でも大いに発揮されることと思います。1つのことをやりとげようとする姿勢は立派です。

両立できずとも，1つに没頭できる生き方を称賛することが大切です。

●地域行事に積極的に参加した生徒

　1学期間，何度も地域行事のボランティアとして意欲的に参加することができました。地域の役に立ちたいという思いは実に見事です。

学校外の活動にも目を向けると，生徒の意外な活躍が見えてきます。

●進路決定に前向きになった生徒

　担任との面談を通して，卒業後の進路選択を自分自身の問題と受け止め，積極的に高等学校の体験入学に参加することができました。

面談の記録から生徒の変化を見逃さないことが大切です。

●表現力に優れている生徒

　国語の授業において，瑞々しい感性をもって自然を観察し，情感豊かな言葉を用い，短歌として表現することができました。

日ごろから各教科担任と連携を取り，情報を収集することが大切です。

●ピアサポート活動に意欲的に取り組んだ生徒

「人との関わり」をテーマとした学習において，授業後のピアサポート活動に意欲的に取り組み，共感的な姿勢をもって人間関係をスタートすることの大切さを理解することができるようになりました。

学級活動の時間後の活動の中にも評価する内容が多くあります。

●理数系の教科が得意な生徒

物事を順序立てて考えることに優れています。理科や数学の難解な問題に対して，緻密な論理をもって挑むことができる思考力があります。

得意な教科をあげるだけでなく，なぜ力があるかを伝えることが大切です。

● ICT 端末を効果的に活用した生徒

我が国の政治の制度やしくみについて，他国と比較しながらわかりやすく ICT 端末を活用してまとめ，発表することができました。

ICT 端末の活用による学習効果を伝えることも大切な評価の視点です。

●自分の進路に不安を抱えている生徒

自分のよさや特性を知るには時間がかかります。様々な人からの助言や言葉を参考にして，やりたいことをじっくり探していきましょう。

進路決定に焦りは禁物。ゆったりとした気持ちにさせることが大切です。

教室トーク
「夏休みを制する者は受験を制する」

1 話し始める前に

　３年生の夏休みは忙しいです。部活動の大会が残っている生徒がいるなら、悔いなく終えられるよう、学級のみんなでエールを送りましょう。部活動にキリがついたら、受験勉強にも時間を割かないといけません。高校見学など、進路選択に関わる活動もあります。夏休みをどう過ごすか、生徒自身が目標・計画を立てられるよう、サポートしましょう。あまりに受験を意識し過ぎ、無謀な学習計画を立ててしまうと逆につまずいてしまうので、バランスを取ってあげるのも大切です。９月、自分がどんな姿になっていたいかイメージをもたせましょう。

　加えて、命を大切にして過ごすということは必ず伝えるようにします。水の事故や交通事故、事件に巻き込まれるようなことなく過ごし、９月、全員が元気な姿で教室にもう一度集まろうというメッセージは、担任自身の気持ちとして熱く語りましょう。

2 トークの概要

①部活動の大会がある生徒へのエール（学級全員で応援する雰囲気を出す）

②学習への見通し（９月の自分をイメージすることと、実現可能な計画を立てることを話す）

③９月の自分（自分との約束を守れたかどうかの答え合わせを予告）

夏休みを制する者は受験を制する

> いよいよ夏休みですね。まだ夏の大会が残っている人はいますか？

　もしここで手があがるなら，何人かに大会への意気込みを語ってもらいましょう。聞いている生徒にも，仲間の意気込みを聞いてどう感じたか，そんな仲間に対してどんなエールを送るかを話してもらい，学級全員が級友を応援する雰囲気をつくり，集団意識を高めます。

> さて，明日から夏休みです。9月1日の自分は，どんな自分になっていると思いますか？　もしくは，どんな自分になっていてほしいですか？

　夏休み後の自分をイメージさせ，過ごし方を考えることにつなげます。

> 「夏休みを制する者は受験を制する」と言われるほど，大切な時期です。自分には1日どれくらいの時間，どれくらいの量を学習する必要があると感じていますか？　1，2年生の内容まで遡ることも大切です。これまでで苦手だと感じている教科こそ重点的に取り組みましょう。時間は限られているので，実現可能な計画を立てることが大切です。

　そこから具体的な目標・計画立てに移ります。計画表を学級活動内でつくる時間がなければ，未来の自分への手紙や宣言を書かせてもよいでしょう。

> 最後に，どうか命を大切に生活してください。毎年，川や海の事故が起きたり，交通事故の被害に遭ったりして中学生が亡くなるという痛ましいニュースが必ず出ます。また，SNSなどを介した犯罪被害も増えます。9月，誰一人欠けることなく，元気な姿でまたこの教室に集まりましょう。9月1日は先ほど立てた宣言が達成できたかどうかの答え合わせの日です。

　命を大切にしてほしいということは，特に気持ちを込めて伝えます。9月に宣言を見返し，夏休みの過ごし方を振り返ると予告しておきましょう。

終業式

学級活動

> ポイント
> 1 人生の節目を意識させる
> 2 決意表明，成長宣言をさせる

1 人生の節目を意識させる

　中学3年生の夏を今でもよく覚えている先生も多いのではないでしょうか。部活動に励み，大会の結果に泣き，自分の目標に向けて勉強した夏。そんな過去の自分にどんな言葉を投げかけたいかから考えてもよいかもしれません。部活動の大会が残る生徒には，悔いのないよう思いきり楽しむことを伝え，学級で応援して送り出したいですね。どうしても勉強に気持ちが向かない生徒もいることでしょう。そんな生徒には，「中3の自分がいるから今の人生がある」という教師自身の経験を語ると，心に響くかもしれません。

2 決意表明，成長宣言をさせる

　規則正しい生活と計画的な学習は何より大切です。3年生ともなると，そういったマネジメントも，自分でできるようになっていないといけません。計画表を書くより，決意表明をして夏休みを迎えましょう。生活面や学習面での目標を立て学級の仲間に宣言する，夏休み後の自分に宛てた手紙を書く，家庭で掲示する用に書くなど，方法はいろいろあります。9月にもう一度見て，達成できたか確認できる内容がよいでしょう。

部活動の姿を大々的に掲示して生徒のがんばりを称えます

成長宣言の例

教室トーク
「一人ひとりが主役」

1 話し始める前に

　3年生の2学期は，自分の進路についてよく考え，決定していく大切な学期です。そのことについて十分理解をしたうえでスタートする必要があります。例えば，口頭で説明するだけではなく，ICTなども有効に活用しながら，進路実現に向けた見通しを立て，意欲を引き出すことも重要です。

　夏休みの過ごし方も生徒それぞれで，進路に対する意識の差がかなり大きいのもこの時期です。このように話をするのは，学級の1人も取り残すことなく自己に向き合う機会を設けるためです。進路決定は，多くの生徒にとって不安なものです。まずは，具体的な流れを説明することが大切です。そして，自分たちでも進路情報に目を向けるように促してみましょう。

　ただ，2学期は学校祭などの大きな行事も多く，テストの回数も多くなっていくので，次第にストレスがたまっていくことが予想されます。学級全体で助け合う雰囲気づくりをしていくのも担任として重要な役割です。

2 トークの概要

①2学期の学校・学年行事（2年間の経験を存分に生かし，これまでの集大成として最高のパフォーマンスを見せてほしいという担任の思いを伝える）
②進路に対する意識（見通しをもたせることで，進路を決定する時期が迫っていることを実感させる）

2学期

一人ひとりが主役

> 今日から2学期が始まります。皆さんは夏休みをどのように過ごしましたか？ きっと，それぞれ充実した毎日を送ったことと思います。ところで，3年生にとって2学期はどのような意味をもつのでしょうか？

　2学期の始まりをどのような雰囲気で迎えることができるかは，その後の学校生活に大きな影響を与えます。質問を投げかけることで，残り少ない日々の過ごし方について考えるきっかけをつくります。

> まず，2学期は3年生にとって中学校生活最後の大きな行事が控えています。皆さんがこの2年間で経験したことを生かして，一人ひとりがもっている力を思う存分発揮してほしいと思います。そして「さすが3年生」と下級生から慕われ，後輩たちによき伝統を残すことが，あなたたちの責任ではないでしょうか。

　担任としての思いを伝えることはとても大切です。ただ，3年生になると「主役は自分たちである」という意識をこれまで以上に強くもてるように，自主性を大切にしましょう。担任はサポート役に徹し，生徒たちに成就感を味わわせることが大切です。

> ただ，それと同時に，進路決定の時期がくることを強く意識しなければなりません。これから，進路アンケートを採ったり，先生との二者懇談や保護者も含めた三者懇談を実施していきます。もちろん，先生は皆さんの相談に十分にのりたいと思います。ただ，進路を決定するのはあなた方自身です。辛いこともあるとは思いますが，この大切な2学期をみんなで支え合いながら乗りきりましょう。

　進路については，シビアな現実ではありますが，自己決定を大切にしながらも学級として安心できる雰囲気づくりをしたいものです。

始業式

環境づくり

> **ポイント**
> 1　進路情報をわかりやすく伝える
> 2　学校見学会を振り返る

1　進路情報をわかりやすく伝える

　進路に関するパンフレットやポスターは，この時期にはすでにたくさんの高校などから送られてきています。一方，この段階で進路がはっきりしている生徒は少なく，悩みを抱えている生徒がほとんどでしょう。

　今日では，時代の流れに合わせて学びの形も大きく変容しており，多様な進路選択が想定されます。ここで大切なことは，生徒に情報を正確に伝えることです。そのために，掲示方法も含めて工夫を凝らし，丁寧な対応をしていく必要があります。

2　学校見学会を振り返る

　夏休み中から2学期前半にかけ，学校見学会が実施されている高校も多くあります。ここで大切なことは，見学会に参加して終わりではなく，振り返りをきちんと行うことです。自分のキャリア形成と照らし合わせながら，様々な情報を整理させておくとよいでしょう。その中から，自分に最も適した進路選択が可能になっていきます。

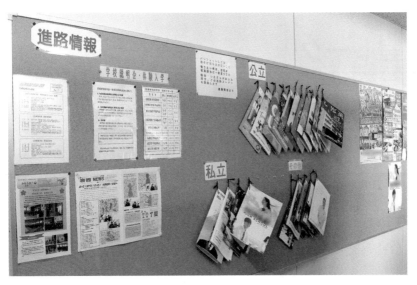

正確な進路情報が得られるように，掲示物を見やすく整理します

体験入学を終えて　　3年　組　番　氏名＿＿＿＿＿

高校名	高等学校	学科 コース	科 コース

月　　日（　）実施

1．参加した理由

2．体験入学でわかったこと【学校の概要（カリキュラムの特色）・部活動・進路実績・交通面 等）】

3．体験入学を終えて（感じたこと・今後の自分の課題など）

進路の選択に向けて

進路学習資料

1．進路（受検先）の決定までの予定

8月	第3回学力テスト 第2回進路希望調査	中2後期・中3前期中心の内容です。 第3回学力テストの結果をみて考えましょう。
9月	第4回学力テスト【総合A】 前期院末テスト	受検先決定に向けた重要な資料になります。 前期の評定を決める資料になります。
10月	前期終業式 第5回学力テスト【総合B】 教育相談	前期の評定が知らされます。（通知票） 受検先決定に向けた重要な資料になります。 前期と受検先決定の相談をします。 推薦を考えている人は担任に申し出てください。
11月	第6回学力テスト【総合C】 後期中間テスト 受検用写真撮影 公立高校生徒募集人員の発表 第3回進路希望調査	受検先決定に向けた重要な資料になります。 3学年の評定を決める資料になります。 入学願書に添付する写真を撮ります。 例年このあたりで正式に発表されます。 総合A・B・Cの結果を踏まえて考えましょう
12月	三者懇談 第7回学力テスト【模擬テスト】	中学校卒業後の進路を確認します。事前に家庭で 十分に話し合い確定してください。 中1・2・3全期の内容です。入試に向けた力試 しをします。

2．入試日程

（1）北海道立高等学校入学者選抜学力検査日等
　推薦入学面接日　令和5年2月10日（金）
　学力検査日　令和5年3月 2日（木）
　追検査査　令和5年3月14日（火）
　合格発表日　令和5年3月17日（金）

（2）私立高等学校入試
　ア，一般入試日程

令和5年度　私立高等学校一般入試日程一覧

	A 日 程		B 日 程	
	2月14日	2月14日・15日	2月17日	2月17日・18日

　イ，推薦入試日程
　　1月中旬～下旬（学校ごとに設定しています。）

（3）国立高等専門学校入学者選抜
　　推薦面接日　1月中旬　学力検査日　2月中旬　合格発表　3月上旬
　　北北海道内4高専のすべての学科を併願することが可能です。

体験入学の振り返りを行うとともに，
進路実現に向けた見通しをもたせます

109

教室トーク
「中学校生活最後の○○」

1 話し始める前に

　1学期の間に，3年生として成長した姿が見られていると思います。2学期からの学級運営では，ゴールイメージが大切になってきます。卒業するまでにどのような自分になっていたいか，どのようなことができるようになっていたいか，ということを明確にしていきましょう。

　中学校生活最後の学級組織づくりでは，「感謝」と「貢献」というキーワードを意識させましょう。

　卒業するまでにできることは何かを考えさせると，「学校をきれいにしたい」「後輩にしっかりバトンを渡したい」など，4月とは違う生徒の考えを引き出すことができると思います。教師から「感謝」と「貢献」を押しつけるのではなく，生徒の心情から引き出すことがポイントです。

　そして，感謝の気持ちをもって，まわりの人や学校のために行動できる人が将来必要とされる人であるということを伝えていきたいものです。

2 トークの概要

①中学校生活最後の学級組織づくりであることの告知
②中学校卒業に向けたゴールイメージの共有
③学校や学級のために活動することの価値づけ
④学級組織づくりを行ううえで必要な役割（生徒から引き出す）

中学校生活最後の○○

> これから皆さんは「中学校生活最後の○○」という言葉を何度も聞くことになります。それぞれの最後の活動に対してどのような気持ちで取り組んでいくかが大切です。今から中学校生活最後の学級組織づくりを行います。

「中学校生活最後」を意識させ、それぞれの活動がまとめの時期に来ていることを自覚させます。

> 中学卒業までに、どのような自分になっていたいですか？ また、どのようなことができるようになっていたいですか？

生徒に問いかけ、自分を見つめさせます。そして、生徒の言葉から「感謝」「貢献」に関わる言葉を引き出すことで、主体的な目標設定を行います。

> 学校での活動は、だれかがやらなければならないものです。その一方で、だれかのための活動でもあります。皆さんが先ほど言っていたように、人のために取り組むことで、なりたい自分にきっと近づいていきます。みんなで協力して取り組むことで、人間関係は深まっていくでしょう。そして、そんな３年生を見た後輩たちが、皆さんに憧れ、成長していってくれます。

受動的に活動していた生徒も少なくないかもしれません。だからこそ、続けてきたことを認め、価値づけしてあげたいものです。「人のため、集団のために行動するのはすばらしいことで、それを後輩に引き継いでいくことが中学校３年生のゴールとしてふさわしいものだ」ということをまずは認識する段階です。

> では、学級としてどのような活動が必要か話し合っていきましょう。

感謝の思いを伝えたい、貢献したいという思いを高めたうえで、生徒から意見を引き出していきます。

学級組織づくり

学級活動

> ポイント
> 1 学級活動委員会を実施し，組織を充実させる
> 2 「やりきり活動」を行う

1 学級活動委員会を実施し，組織を充実させる

　学級活動委員会とは，学級活動を生徒にとって自発的・自治的に行うために設定するための活動組織です。学級組織づくりを学級活動委員会による話し合い活動によって決めることで，生徒たちの責任感を高めるとともに，生徒一人ひとりの手で学級生活をより豊かにすることができます。

　司会進行は学級役員を中心に行いますが，グループを設定し，すべてのグループに司会進行を経験させるとより効果的です。

2 「やりきり活動」を行う

　後期の活動を新たに生み出すことよりも，前期の活動を振り返り，改善することも大切です。その改善の視点として，「やりきり活動」があげられます。

　「やりきり活動」とは，活動期間における達成目標を決めることだといえます。日々きちんと取り組むことは大切ですが，長期的な目標があることでモチベーションを保つことができます。さらに，活動に対する責任感を高めたり，一人ひとりのやりとげた成果を認めたりすることにもつながります。

学級活動委員会司会進行表

司会 （ ）さん	黒板記録（ ）さん
ノート記録（ ）さん	提案 （ ）さん

1　はじめの言葉

2　学級活動委員紹介

3　議題の確認

4　提案理由の説明

5　話し合いの内容、順序の確認

6　話し合い

7　決まったことの発表

8　先生の話

9　おわりの言葉

10　振り返り

学級活動委員会の司会進行例

清掃場所

メンバー	活動の目標
	活動内容と役割分担

活動ごとの目標設定シート例

準備・練習

> ポイント
> 1 リーダーやリーダーシップについて確認する
> 2 体育祭の成功ビジョンについて話し合わせる

1 リーダーやリーダーシップについて確認する

体育祭は，3年生にとって，リーダーシップを育む絶好の機会です。まずは，3年生にリーダーとは何かを確認します。リーダーは，「グループやチームの中で他のメンバーを導き，目標を達成するために方向性を示す役割を担っている人」と定義し，3年生一人ひとりがリーダーであることを押さえます。そのうえで，リーダーに必要な資質（リーダーシップ）とは何かを話し合わせます。ここで，「みんなが達成したいと思う目標を示す」ということが出てきてほしいところです。出てこなかった場合は，教師が示してもよいかもしれません。

2 体育祭の成功ビジョンについて話し合わせる

全校生徒の中には，体育祭を楽しみにしている生徒もいれば，運動が苦手な生徒や集団行動が苦手な生徒がいることを伝え，全校生徒にとって意義のある体育祭とは，どのような体育祭なのかを考える時間を設けます。今後の体育祭の準備を進めていくうえで非常に重要なところなので，時間をかけて，ビジョン形成，目標設定に取り組ませたいところです。

1　今年の体育祭をどのような体育祭にしたいですか。

2　あなたにとっての理想の体育祭にするために，必要なことは何だと
　思いますか。

3　話し合って決まった体育祭の目標を書きましょう。

4　あなたはこの目標達成に向けて，リーダーとして，具体的に何をど
　のようにがんばりたいと考えていますか。

体育祭

体育祭のビジョン形成と目標設定のためのシート

教室トーク
「3年生一人ひとりがリーダー」

1 話し始める前に

　3年生は，体育祭に向けて自分たちが中心となって準備してきているので，当事者意識も高く，やる気にも満ちあふれている生徒が多いと思います。一方で，全校生徒の中には，運動が苦手な生徒や集団行動が苦手な生徒，教室になじめない生徒もいます。多様な生徒がいることを理解したうえで，3年生がリーダーとして体育祭を引っ張り，みんなで1つのことを成しとげるという体験をしてほしいところです。

　そのためには，体育祭の目標，全校生徒が等しく参加する権利や楽しむ権利があること，3年生は全員がリーダーとして体育祭を成功させるために果たすべき責任があること，などを再確認することが大切です。リーダーである3年生は，目標達成のためにチームをよい方向に導く責任があります。3年生一人ひとりがリーダーであるという自覚をもって後輩たちを引っ張り，最高の体育祭をつくり上げられるように励ましましょう。最後に，クラスリーダーから全体にメッセージを伝えてもらうことも効果的です。

2 トークの概要

①体育祭をつくり上げるこれまでの過程の想起
②体育祭の目標についての確認
③クラスリーダーからクラス全体へのメッセージ

3年生一人ひとりがリーダー

いよいよ体育祭の日になりました。今日までいろいろなことがありましたが，どんなことが印象に残っていますか？

これまでの経過を振り返り，うまくいったことや，苦労したことを思い出し，積み上げてきた時間があってこその今があることを確認しましょう。

そうですね。いろいろなことがあった中で，試行錯誤してきましたね。そうした日々の中で，皆さんはとても成長していったと思います。今日は大いに力を発揮してください。そこで再度確認しますが，この体育祭の目標は何でしたか？

体育祭の目標を確認することで，運動が得意や苦手に関係なく，すべての生徒が参加し，楽しむ権利があることを思い出させましょう。

全校生徒にとって，体育祭が「楽しかった」「よくがんばった」と思えるものになるようにするためには，3年生のリーダーシップが大切です。皆さんの行動は，後輩たちにとって，よいお手本となるはずです。そして，皆さんの姿がこの学校の伝統として受け継がれていきます。

リーダーシップとして大切なことを伝え，3年生一人ひとりがリーダーであり，後輩たちのお手本であるという自覚を喚起します。

最後に，クラスリーダーからクラスメイトへひと言お願いします。

クラスリーダーからクラス全体への言葉で締め括ることで，生徒たちの意識は高まります。担任としては，「あなたたちが主役だよ」という姿勢を見せたいところです。

体育祭

振り返り・事後指導

2学期

> ポイント
> 1　印象に残ったことを出し合わせる
> 2　全員で1つのことを成しとげるのに必要なことを話し合わせる

1　印象に残ったことを出し合わせる

　全校生徒を巻き込んで，1つのことを成しとげるという体験は，なかなかできるものではありません。だからこそ，体育祭を通して3年生は大きく成長します。生徒たちが何を感じ，何を学んだかをシェアすることは，非常に価値のあることです。個人で振り返りをすることだけにとどまらず，グループ，学級全体でシェアをすることが大切です。

2　全員で1つのことを成しとげるのに必要なことを話し合わせる

　体験したからこそ，リーダーシップの本質を考えることができます。与えられた知識ではなく，自分たちが体験して獲得してきた知識やスキルは，汎用性が高いものです。つまり，今後生徒たちが大人になっても生かせるものとして蓄積されていく可能性があります。

　体育祭がうまくいった場合には，「なぜうまくいったのか」，うまくいかなかった場合には，「どうすればよりよくなったのか」を話し合うとよいでしょう。そのうえで，全員で1つのことを成しとげるのに必要なことを話し合うとよいでしょう。

[応援リーダーの力]
・応援団長のまとめ方がうまかったから。
・応援団長がやる気が出るように引っ張ってくれたから。
・全員が練習から全力でできるように，応援リーダーが盛り上げてくれたから。

[3年生の姿勢・気持ち]
・3年生の気合いが他の団に比べてすごく，声が大きかったから。
・3年生が目標をぶらさずにもち続けて，1，2年生にテキパキと指示を出せたから。
・早い時期から1つになり，1，2年生にも一人ひとりがしっかりと教えていた。自分たちがどうしたいのかをしっかりと後輩にわかってもらえるように，一人ひとりが声を出し，一生懸命練習から全力で取り組んでいたから。
・3年生が団結していて，1，2年生も真似してついてきてくれたから。

[全体の雰囲気]
・心が1つになったから。
・一人ひとりが同じ目標に向かってがんばろうとしたから。
・目標に向かってみんなが全力だったから。
・みんなが真剣で，でも，楽しい笑顔でいっぱいだったから。
・みんなで協力して勝つことも大事だけれど，楽しくすることもしていて，みんなが嫌な雰囲気にならないようにできたから。
・一人ひとりが自分のすべきことを理解して，それぞれがそれを実行できていたから。
・何人かが楽しいのではなく，みんな楽しめたから。
・他の団より協力しようとしていて，一人ひとりがよいものにしようと思っていたから。
・お互いに尊重し合えていたから。

[後輩の力や姿勢]
・1，2年生も3年生に負けずにがんばろうと思ってくれたから。
・3年生だけではなく，1，2年生もがんばってくれたから。
・1，2年生が3年生のために行動してくれたから。

なぜ成功したのかについての話し合いの記録

教室トーク
「支える姿勢で選挙に臨もう！」

1 話し始める前に

　後期の生徒会役員選挙では，３年生が立候補することはありません。その
ため，生徒会役員選挙に対する関心が低く，立候補者の考えや名前も大して
知らないまま，いい加減な気持ちで投票してしまう生徒も少なくありません。
立会演説会などで私語をしたり，信任投票となった場合に，安易に「信任せ
ず」としたりする生徒もいます。

　そこで担任は，最上級生として生徒会を支えていく姿勢の大切さに気づか
せていく必要があります。学校を動かす中心は２年生に引き継がれるものの，
最上級生である３年生の態度や言動は，他学年に与える影響が大きいこと，
３年生をこれまで支えてきてくれた２年生や１年生を支えるのは当然である
ことを伝えましょう。そして，そのような３年生の姿勢が２年生や１年生の
励みになり，生徒会役員が中心となって学校をよりよいものにしていくこと
ができること，３年生にとってよりよい卒業につながっていくことを伝えら
れるとよいでしょう。

2 トークの概要

①３年生として生徒会役員選挙に臨む姿勢
　（支えられてきた立場から支えていく立場へ）
②生徒会役員選挙の意義
　（社会で行われている選挙とのつながりも意識させる）

2学期

支える姿勢で選挙に臨もう！

　後期の生徒会役員選挙では，3年生の立候補者はいません。そのため，立候補者のことをよく知らないなど，生徒会役員選挙への関心が低くなっている人はいませんか？

生徒会役員選挙を前に，選挙に対する意識を生徒に問いかけます。

　これまで学校を支えてきた君たち3年生を見て，今度は，1，2年生が中心となってこの学校を支えてくれようとしています。そんな1，2年生の代表を決めるのが，後期の生徒会役員選挙です。これまで君たちを支えてきてくれた1，2年生を今度は3年生が支える番なのではないでしょうか。

これまで，3年生として学校を引っ張ってきた姿を承認しつつ，その背景には，1，2年生の支えがあったことを思い起こさせます。支えてくれた1，2年生を，今度は3年生が支えていくべきなのではないかと問います。

　卒業までの半年間の学校生活をよりよいものにしていく中心は，後期の生徒会役員ですが，その役員を支える生徒会員として，3年生には最上級生としての姿を最後まで期待しています。

卒業までの半年間の学校生活をどのように送りたいかを具体的に考えさせ，生徒会役員選挙に臨む意識を高めましょう。

　社会に出ても様々な選挙がありますが，投票率が低いことが社会的な課題になっています。自分たちの生活をよりよくしようとしている人たちが，どのような考えをもっているのかに関心をもつことはとても大切です。

生徒会役員選挙と国や自治体の選挙を関連づけ，選挙が自分たちの生活をよりよくするためにあることや，選挙に参加することが自分たちのよりよい生活へつながることを伝えられるとよいでしょう。

生徒会役員選挙

学級活動

> ポイント
> 1 最上級生だからこそ伝えられることを意識させる
> 2 3年生としてできることを考えさせる

1 最上級生だからこそ伝えられることを意識させる

　後期の生徒会役員選挙では，3年生が立候補することはありません。また，卒業後の進路に対する不安や，勉強に集中していく雰囲気が，より一層高まっていく時期でもあることから，生徒会役員選挙に対する関心が低くなりがちです。しかし，3年生も生徒会の一員であり，最上級生として学校をよりよいものにしていくという姿勢を忘れさせてはいけません。中学校生活を最も長く経験している最上級生だからこそ，伝えられることがあるはずです。これまでの先輩方がつないできた学校の伝統を，最後まで自分たちが後輩につなげていく姿勢をもたせることが大切です。

2 3年生としてできることを考えさせる

　そのような姿勢をもたせるためには，3年生としてできることを考えさせることが有効です。その際，「学校（後輩）のために」という視点をもたせることが大切です。卒業までの半年間，3年生として学校や後輩のためにできることが何か，どのような姿で卒業していきたいのかを考えさせ，それを行動に移していくことが重要であることを伝えられるとよいでしょう。

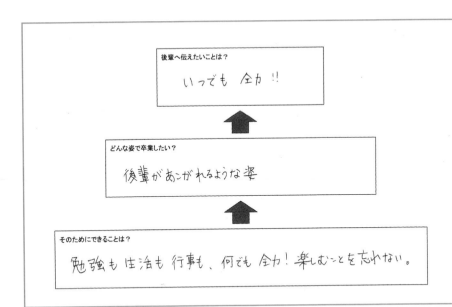

後輩へ伝えたいことは？

いっても　全力 !!

どんな姿で卒業したい？

後輩が あこがれるような姿

そのためにできることは？

勉強も 生活も 行事も、何でも 全力！楽しむことを忘れない。

最上級生だからこそ伝えられることを考えます

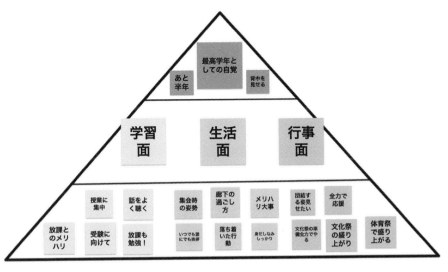

最上級生としてできることをクラスで話し合わせてもよいでしょう

学級集団形成

ポイント

1 合唱コンクールの目的を最初に確認する
2 学級通信と日記指導で目的を浸透させる

1 合唱コンクールの目的を最初に確認する

　合唱コンクールは，とかく「金賞」など順位のみに目が行きがちです。それで一時的に学級がまとまったとしても，行事が終わると，逆に行事の反動で日常生活が乱れ，学級が落ち着かなくなることがあります。行事の目的はあくまで「行事を通して日常生活の質が高まること」であり，そのことを最初にきちんと確認することが大切です。このことについては『クラス皆が一体化！　中学担任がつくる合唱指導』（長谷川博之編著，明治図書）に詳細な実践内容や考え方が記されており大変参考になります。興味のある方はぜひ参照ください。

2 学級通信と日記指導で目的を浸透させる

　最初に目的を確認しておくことで，この後起こる様々なケースにも「原点」に戻って考えることができます。折に触れて原点に立ち戻って話をし，学級通信でもそのことに触れ，また通信を出した後，「みんなはそのことをどう思うか，今日の日記に書いてみて」と流れをつくることで，より深く考えるようになります。

■ 目的は「金賞」じゃない。

　例えば、勝敗ばかりに気を取られ、日常生活をおろそかにしていても、合唱コンクールという熱気の中で「金賞」を取るためにと、他の学級との競争の中で、形ばかりの団結を求め、演じる・・・それでも、金賞が取れてしまう場合もある。

　しかし、そんな風に金賞をとった学級は、コンクールの後には何も残らない。むしろ無理してきたぶん、学級の状況はより悪くなる。金賞という目標がなくなれば協力のかけらもない。授業態度も清掃もいいかげんになる。そんな自分たちを正す自浄作用も働かない。・・・そんな学級を、そんな合唱コンクールを、今まで教師としてたくさん見てきた。そういう事実が数多くある。しかし、私はこの学級を、君たちの学級をそんな風には絶対

合唱コンクールの目的について書いた学級通信（抜粋）

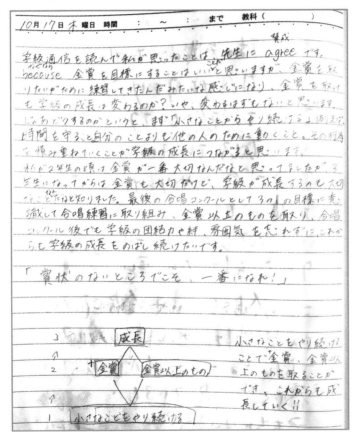

学級通信を読んで生徒が綴った日記

125

準備・練習

> ポイント
> 1　目的からの逸脱はその都度修正する
> 2　学級通信と日記の循環でよい流れをつくり出す

1　目的からの逸脱はその都度修正する

　合唱コンクールは中学3年生にとって非常に大きな行事です。音楽の授業などを通してリーダーに立候補した生徒，指名された生徒は最高の賞を獲ろうとがんばります。しかし，授業や清掃，給食当番などの日常生活をおろそかにして合唱の練習にだけ取り組む姿勢が見られたら，それは本末転倒です。前項でも述べた通り，行事の目的は，行事を通して日常生活の質を向上させることです。準備や練習において，そこから外れそうになっている様子が見られた場合は，その都度修正が必要です。

2　学級通信と日記の循環でよい流れをつくり出す

　準備や練習を通して見られた学級の問題点，あるいはよさを教師の視点で捉え，語ることは大切です。特に重要なことは話すだけでなく学級通信にまとめます。通信を配り，その内容を語り，さらに考えたことを日記にまとめてくるように指示します。その生徒たちが書いてきた感想や意見をさらに通信で取り上げます。これを繰り返すことで，学級課題の解決策を自分たちで考え，共有し，行動に落とし込んでいくという流れが生み出されます。

令和元年　9月18日発行　第92号

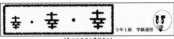

幸・幸・幸

3年1組　学級通信

【見つめ直す必要がある】

■ 合唱練習に思うこと1

誤解を恐れずにいうなら、私には合唱なんてどうでもいいんです。

むしろ、「合唱なんてやる意味があるのか？」って思っています。今のこの状態で。

合唱コンクールに向けて、すでに先週から、合唱リーダーの声かけのもと、昼休みに集まって練習している。さすが3年生、すでにかなり聞かせる合唱になっている。でも・・・だから何？

私は日常生活を疎かにして、行事で一番を目指す姿勢が大嫌いだ。「昼休み集まってよ！」と声をかけるリーダーは、果たして給食当番の役割をきちんと果たしているのか、掃除にきちんと参加しているのか。時間を守って行動できているのか。自分のわがままばかりを通そうとして、周囲に迷惑をかけたりしていないのか。そこをもう一度、見つめ直さなくては、リーダーの役割なんて果たせないはずだ。給食当番を他人に押し付けて、掃除を他人任せにして、合唱練習の時だけ「みんなでやろう」なんてとても言えないはずなんだ。どんなに合唱に取り組んでいようと、やりたいことだけ率先して行い、やるべきことをないがしろにしている姿勢には、私は少しも共感しないし、まったく評価もしない。

まとまるってなんだ？　協力し合うってなんだ？　そんな小手先だけの、口先だけの、その場だけのまとまりなんて、なんの価値もない。

■ 今日のひとこと

掃除や給食当番を
ないがしろにしている人は
掃除や給食当番を
ないがしろにしているんじゃない
そこにいるすべての人を
侮り、軽んじてるんだよ

給食当番をやらない人がいる。でも毎日、給食は食べられている。なぜ？
その人でない誰かが、今日まで、一日も欠かさず、毎日運んで配ってくれているからだ。
今までのただの一日だって、どんなに給食当番をサボり続けたって、
席に着けば、そこにあなたの給食が準備してあったはずだ。それはなぜ？
その人でない誰かが、1日も欠かさず、やってきてくれたからでしょ。
それがどんなにありがたいことで、当たり前じゃないことか、その人にはわからない。
やってないからわからない。この先もわからない。この先もやらなかったら、わからないまま。
わからないから、きっと、ずっとずっと続けてしまう。
変わるべきは、周りなのか？　そうじゃないでしょ。周りが変わるんじゃないんだよ。
君が変わらなきゃ、ずっと気づけないまま、成長のチャンスを逃し続けるままなんだよ。
周りとの関係も変わらないままなんだよ。
掃除をいい加減にする人がいる。
でも毎日、清掃された状態の教室で過ごせている。
給食で机を汚しても、5時間目には綺麗な状態になっている。
魔法じゃない。その人でない、誰かが綺麗にしてくれているだけ。
その人でない誰かが、毎日ゴミを集め、床をふき、机をふき、机を揃えてくれている。
その人はそれに気づけない。それがどんなに当たり前じゃなく、ありがたいことかに気づけない。
やってないからわからない。この先もわからない。この先もやらなかったら、わからないまま。
わからないから、ずっとずっと続けてしまう。
変わるべきは、周りなのか？　周りが変わるんじゃないんだよ。
君が変わらなきゃ、ずっと気づけないまま、成長のチャンスを逃し続けるままなんだよ。
仕事をないがしろにする人は、その仕事をないがしろにしてるんじゃないんだよ。
その仕事をやってくれている人たちを、軽んじて、侮ってるんだよ。私には、そう見える。
そこを変えなきゃ、誰かとうまくやっていくなんて、無理なことなんだよ。
自分が（そう思ってなくても日々の行動で）周囲を軽んじておいて
自分の都合、自分の意見ばかりを尊重してもらおうなんて、無理なことなんだよ。

■ 合唱練習に思うこと2

合唱は大きな行事で、それは3年生にとっては尚更だろう。だからこそ私は心配なのだ。合唱が近づくにつれ、ただ他学級への対抗意識ばかりが高まり、金賞やグランプリを口にして、目指す。でもね、もしそれで金賞やグランプリをとったって、賞状なんて、単なる紙切れだよ。一瞬の感動と充実感は味わえるだろうけど、それだけだよ。何にも得られない。何も変わらない。そんな学級を山ほど見てきた。

順番を大事にしてほしい。せっかく取り組むなら、まずは当たり前のこと、日常のこと、そこからスタートするべきなんじゃない。その先にこそ、本物の協力、本物の感動、本物の成長があるんじゃないのかい？

連絡事項

○ 明日19日（木）村道徳研修会のため2年2組以外は給食・清掃後下校（部活）となります。
○ 明日、第2回北山高校体験入学あり（14:20北山高校体育館受付）。申込者は時間厳守で。

保護者より　生徒氏名（　　　　　　　）

目的からずれていると感じたら直接語り，学級通信でも投げかけを行います

今日の学級通信を読んで、日常生活をちゃんとしていこうと思いました。

合唱コンクールが近づいてきました。実行委員は昼休みにも練習しようと声をかけています。でも〇〇先生はまず、合唱コンクールだけで、みんながまとまるのはおかしいと言っていました。そうではなくまず日常生活からちゃんとしていったほうがいいということだった。

確かに、日常生活ができていないのに、行事だからといってちゃんとするのはおかしいと思いました。これから、日常生活をちゃんとして、行事だけでなく、どんな時でも、みんなでまとまれるようにしたい。

学級通信を読んで思ったことは、前に先生が言っていた給食当番を他人に押し付けて、掃除を他人任せにして、合唱の時だけ「みんなでやろう」って言ってることが、僕もダメだと思った。

今日の学級通信を読んで、私も合唱コンクールは皆で協力して練習して、いい思い出にできるように、行事をちゃんと成功させ、結果もいい結果が出るようにしたいです。

でもその前に学級の団結は必要だし、誰かがサボっていたら注意もしないといけない。この前リーダーが集まろうって言ったけど、その人は練習をしてなかった。でも皆で合わせた後にアドバイスをしていて、アドバイスをしてくれるのはとても必要だけど、一緒に練習もしてまとめて欲しいなと思いました。

そして、日常生活を大切にして、合唱練習をやるって決めたら、ちゃんと皆で集まって練習したいです。（中略）

３年１組で協力していい合唱コンクールにし、楽しみたいです。

生徒が日記に書いたことを，了解を得たうえで学級通信に載せ，みんなで共有します

教室トーク
「この先に続く成長までを意識しよう！」

1 話し始める前に

　合唱コンクールは中学校の行事の中でも一番盛り上がるものの1つかもしれません。しかし，その盛り上がりの中，本番が近づくにつれ，ただ他学級への対抗意識ばかりが高まり，金賞やグランプリといった言葉ばかりが一人歩きしがちです。それでは，結果が出ても，一瞬の感動や充実感が味わえるだけで，1週間後には合唱コンクール前の日常と変わらない，むしろ目に見える目標が消えた分だけ，気の抜けた学校生活が生み出されがちです。そうならないためには，自分たちの学級が「何のために」合唱の練習に取り組み，「何を目指してきたのか」を，本番直前に全員で確認することが大切です。行事そのものだけでなく，行事後の生活の充実も実現させるために行うトークです。

2 トークの概要

①目的の確認（原点に改めて立ち戻る）
②体験の想起と語り合い（体験を想起し，語り合うことで，一体感を生み出す）
③教師の思い（教師自身の言葉で）
④全員が思いを語る（全員が発言し，みんなでそれを聞くことで，一人ひとりに思いを実現する当事者としての意識をもたせる）

この先に続く成長までを意識しよう！

> いよいよ合唱コンクール本番です。今日までの2週間，君たちは何を目指して取り組んできましたか？

目的を問います。

> そうですね。「全員成長」，これが私たちのクラスの目指してきたことです。この目的に向けて，この2週間，どんなドラマやハプニングがあり，どうやってそれを乗り越えてきたのか，またはまだ乗り越えきれていないのか，思い起こして近くの人と語り合ってみてください。

体験を想起して語り合い，より大きな連帯感や一体感を生み出します。

> いろんなことがあったね。今まで伝えてきたように，金賞やグランプリが獲れたらすべてよし，ではありません。これまでの準備や練習，そして本番を通して，一人ひとり，そして学級が成長できたなら，それが一番よいことです。金賞やグランプリを獲っても，みんながここまでの成長を今後の生活に生かしきれなかったら先生は悔しいです。この先に続く成長までを意識して，今日の合唱に取り組んでください。期待しています。

教師の言葉で目的の再確認を行います。

> さて，私の思いは伝えました。皆さんはどう考えているのか，一人ひとりの思いを全員で共有したいです。長くても短くてもよいので，全員の思いを共有しましょう。1人ずつ立って，どんな本番にしたいか，そのために何をするのか，伝えていきましょう。発表できそうな人から，1人ずつ立って話していってください。

「こんな合唱にしたい」という思いを全員に発表してもらいます。全員発言することで当事者意識が高まり，合唱に向かう気持ちが1つになります。

合唱コンクール

振り返り・事後指導

> ポイント
> 1 日記に振り返りを書かせる
> 2 振り返りを学級通信にまとめ，分かち合う

1 日記に振り返りを書かせる

　合唱コンクール当日は，まとまって振り返りをする時間は取れないことが多いでしょう。教師が短い時間で振り返り，数人の生徒が思いを発表するくらいで終わってしまうケースが多いと思います。どんな思い出深い行事も時間が経てば思いは色褪せます。普段から日記指導を行っていれば，その日のうちに感想をまとめさせることができます。

2 振り返りを学級通信にまとめ，分かち合う

　生徒が日記にまとめた感想を，生徒の了解を得たうえで学級通信にまとめます。ただ渡すだけでは読まない生徒もいますから，こういった場合はできるだけ感想を読み上げます。「○○さんが…をがんばっていた」「○○君は最初…だったけど，最後には自分から…してくれていてうれしかった」など，教師ではなく生徒同士で相手のよさを認める感想を全員で共有すると，学級の雰囲気が大きく変わっていきます。また，がんばりきれなかった生徒の反省も，「成長」という大きな目的に沿って意味づけし，共有することができるのもよいところです。

■　学級のみんなから「合唱リーダー」へ（一部抜粋）

【　　　　　】

　私は合唱リーダーを通してたくさん学ぶことができた。
　その中でも一番考えさせられたのが「日常生活の中で、なんでも一生懸命じゃないと、周りはついてこない」ということ。知っていても、実際に行動してみると難しくて、投げ出したり、怒ったり・・。今、自分に矢印を向けて考えて見ると、今まで自分がみんなを引っ張れていなかったのは、日常生活の中で「さぼり」があったから・・。悪いのは自分なのに、人のせいばかりしてきてしまった・・。私は、改めて、自分にもっと矢印を向けて頑張りたいと思った。

【　　　　　】

　最初の頃はリーダーがばらばらで、みんなもまとまらない状態だったけど、リーダーが変わったことでみんなも変わって、今ではリーダーの指示に従って、みんなが早く準備し、早く練習できるようになった。リーダーのアドバイスを聞いて、歌うたびにどんどん改善されていき、とてもよくなった。本当にすごいなと思います。だから、結果がどんな風になっても、リーダーはリーダーとして頑張れたって思って欲しいです。

日記を学級通信に載せ，教師が読み上げた後，感想を発表し合います

■　合唱コンクールの振り返り（日記から抜粋）

【　　　　　】

　自分なりの反省です。　10月25日のこと　&　10月27日当日
　私は、合唱コンクール2日前の長い休み時間、練習があるのを知りながら、練習に行きませんでした。それで、あと5分だからと軽い気持ちで友達と二人で練習が終わる5分前に行きました。その時、皆が練習している中、私とその友達の二人は、笑いながら中に入りました。そしてもう一度練習することになったけど、私が指揮をしたくないとワガママを言い、ずっともめて、練習時間が終わりました。多分、皆は「こいつなんだば」と思ったと思います。
　色々迷惑をかけたにも関わらず、当日になっても指揮をしたくなくて、学校に行きませんでした。○○からもらったメッセージを見て、「行かないといけない」と思ったけど、毎日、授業も練習も中途半端な気持ちでしているのに、毎日頑張っている人が指揮をやりたいって思ってたのに、私が指揮になってしまい、多分その人は「意味わからん」と思ったと思うし、こういうときだけちゃんとするのもおかしいと思い、行きませんでした。
　これが私の（合唱コンクールに）行かなかった理由です。言い訳と思うもしれないけど、いろいろ考えた結果、こうした方がいいと思ったから休みました。
　みんなに迷惑かけたけど、自分の行いが悪すぎて、当日、朝まで考えたけど、このほうが○○も指揮できたからよかったって思いました。
　家まできてくれてありがとう。そして、ごめんなさい。
　本当、申し訳ない。これから、がんばります。

がんばりきれなかった生徒の思いも共有し，この先につなげます

合唱コンクール

教室トーク
「よりよい進路選択の方向を探ろう！」

1 話し始める前に

　3年生のこの時期の個人面談は，生徒も交えた進路相談会として行われます。とはいえ，1人15分程度で行われることが多く，その時間内で進路について結論を出すことは難しい場合がほとんどです。この段階で希望進路が明確になっている生徒がいる一方で，自分の希望進路を保護者に話すことすらできていない生徒もいます。あるいは，自分の希望進路に対して保護者が同意してくれていない場合もあるかもしれません。いずれの場合でも，生徒の不安は大きいと考えられます。

　そこで，まずは今回の進路相談会の目的をしっかりと伝えます。担任として，一人ひとりの不安を受け止めつつ，本人の希望をしっかりと聞きたいことを伝えます。そして，保護者の意向を聞いたうえで，どうするのがよい選択なのかについて一緒に相談にのっていくので心配しなくてもよいことも伝えておきましょう。

2 トークの概要

①進路相談会の目的（本人と保護者の希望確認であることを伝える）
②進路決定に向けた大まかな流れ（組織で相談にのることを伝える）
③当日までにやっておいてほしいこと（保護者との意思疎通）

よりよい進路選択の方向を探ろう！

　　保護者の方にも入っていただく，三者による進路相談会が迫ってきました。今回の相談会の目的は，皆さんとおうちの方の進路希望をしっかりとお聞きしたうえで，よりよい進路選択の方向について相談することです。

　今回の進路相談会の目的は，本人と保護者の進路希望をしっかりと聞かせてもらうことである旨を伝えます。

　　進路相談会の予定を配ります。確実におうちの方に手渡してください。ご覧のとおり，当日は１人に15分です。この15分がより意味のある時間になるように，それまでに皆さんとの二者面談を行います。できるだけおうちの方とも相談してきてください。そのうえで，進路説明会で配付した「進路決定までの流れ」に沿って進めていきます。また，一人ひとりの進路決定については，担任の私だけでなく，進路指導担当の先生や学年の先生方などで一緒に検討していきますので，心配しなくても大丈夫です。

　相談会当日の15分間だけではなく，それまでに二者面談を行うことや，相談会での担任からの助言は進路指導主事や学年の職員，あるいは管理職も含めて組織的に行うことを説明することで，たとえ担任が３年生を受け持つのがはじめてでも心配ないということをしっかりと伝えましょう。

　　それでは，当日までにやってほしいことを言います。まずは，もう一度自分の進路希望を教えてください。そして，おうちの方のお考えを，今日配付する進路希望調査に書いてもらってきてください。質問がある場合も書いてきてください。私も含め，学校の先生方みんなで応援していきます！

　生徒一人ひとりの不安をしっかり受け止め，本人が自分自身で決定できるよう担任として最後まで寄り添っていきましょう。自分の経験が浅くても，決して抱え込まず，チームで対応することを大事にしていけば大丈夫です。

個人面談

進路相談会

> ポイント
> 1 学年体制で個々の進路相談を支える
> 2 進路選択を通して，生徒の成長を促す

1 学年体制で個々の進路相談を支える

　3年生の進路相談会は，進路について，本人や保護者の意向を受けて，学級担任が相談にのります。はじめて3年生を受け持つ担任は不安が大きいでしょう。まずは担任自身が様々な進路情報を収集しましょう。生徒一人ひとりの意向や学力を踏まえ，選択肢を示しながら生徒本人が決定していくよう助言するのですが，相談中に曖昧な情報を提供することは避けましょう。相談の内容によっては，進路指導主事や学年主任につなぎましょう。

2 進路選択を通して，生徒の成長を促す

　年末になってくると，私立高校などへの推薦受験の可否が話題になります。各学校では，校長が主催する「校内進学・推薦委員会」などが行われ，本人や保護者の意向や学力，人物などについて検討し，推薦者が決まります。しかし，忘れてはいけないことは，これら一連の過程はあくまでも本人の学習や生活意欲の向上を目指した指導の場であるということです。担任は常に本人・保護者に寄り添い，励まし続けていくことを大切にしましょう。

進路実現に向けた1年間の見通しをもちましょう

月	テスト・懇談・その他進路実現に関わること（日にちや時期は予定です）
4	■19日：第1回実力テスト
5	■中旬：進路希望調査
6	■17中間テスト ■25日：第一回進路説明会
7	■5日〜9日：三者懇談
8	■下旬：第2回実力テスト
9	■15日・16日：前期期末テスト
10	■秋の高校見学会 ■初旬：第3回実力テスト ■進路希望調査 ■25日：第二回進路説明会 ■25日〜29日：三者懇談（希望制）
11	■校内推薦委員会 ■18日：中間テスト ■下旬：進路希望調査
12	■6日〜10日 三者懇談 ■中旬：第4回実力テスト
1	■12日・13日：後期期末テスト ■私立高校出願 ■24日〜28日：三者懇談（希望制） ■私立高校・国立高専推薦入試・一般入試
2	■私立高校一般入試 ■公立高校出願
3	■公立高校一次入試 ■公立高校二次入試

●年間、何度か行います。必ず保護者と相談して書きましょう。楷書で丁寧な文字で書きましょう。提出期限を守りましょう。

夏休み前〜秋にかけては、各校で説明会や体験入学が行われます。気になっている高校には一度は行ってみましょう。申し込みは原則、中学校を通じて行います。

●入試の形態（推薦・単願・併願など）を決定します。私立高校受験希望者は受験校について話題にします。
●就職希望者は、この時期に職場訪問をして就職先を決定します。

●私立高校・国立高専の学校推薦者を決定します。

●私立高校受験希望者は、受験校を決定します。

●公立高校受検希望者は、受検校を決定します。

担任の先生との二者懇談は随時行います。相談したいことがあったら、どんどんしましょう。もちろん、保護者の方もどうぞ。

面接・作文・自己表現など、受験（受検）科目や内容の対策を行います。

個人面談

4月19日（月）は第1回実力テストだよ

　本年度、合計4回の実力テストが予定されています。中間テストや期末テストと違い、出題範囲は「学習したところまで」となります。中2までの学習を振り返ると同時に、これから始まる授業の1時間1時間が、いかに大切かをもう一度かみしめて、全力で臨みましょう。そして、「力試し」となる実力テストをワクワクした気持ちで迎えられるよう、毎日の学習を計画的・継続的に取り組みましょう。さて、19日は第1回実力テストです。筆記用具や定規などの道具も含めて、しっかりと準備しましょう。

待ち時間に確認できるよう、4月に配付した進路決定までの流れを拡大掲示しておきます

教室トーク
「支えてくれる人の顔を思い浮かべよう！」

1 話し始める前に

　3年2学期の通知表渡しは，進路選択がかなり具体的になり，願書作成や面接練習等が行われている時期に重なります。生徒が自分の成績にかなりナーバスになっているころです。高校への進学を目指す生徒にとっては高校に提出される調査書との重なりが大きいため，これまでで一番真剣に学習面での評価を眺めることになります。この時期は，自分のことしか見えていない生徒が多く，精神的に不安定になる生徒も多くいます。

　こうした時期に自分を支えている周囲の人について考えさせることは，そうした人たちへの感謝の気持ちの大切さを考えさせるとともに，自分が1人ではないことに気づかせる絶好の機会になります。受験期を迎え，1人で自分の人生を切り拓くのではなく，周囲には多くの支援者がいることに気づかせ，安心感をもたせるようにします。

2 トークの概要

①通知表を見た感想（学習面に気持ちが偏っていることに気づかせる）

②今まで進路で相談した人の顔（支えてくれる人を思い出させる）

③支えてくれる人への感謝の気持ちの大切さ（周囲への感謝の気持ちこそが進路決定の不安を取り除いてくれることに気づかせる）

④受験に臨む思いの確認（再度通知表を見てだれに感謝の思いを伝えるかを考えさせる）

トーク

支えてくれる人の顔を思い浮かべよう！

> 今，どの項目に注目して通知表を見ていましたか？　ほとんどの人は，学習の記録に目が釘づけになっていたと思います。

受験期に入り，生徒の関心が成績に偏っていることを印象づけるための問いかけです。

> 皆さんの頭の中は受験や成績のことで頭がいっぱいの状況だと思います。中には成績が下がり，辛い思いを抱えている人がいるかもしれません。自分1人で進路選択に挑んでいるような気持ちの人が多いのではないでしょうか。
> 　ここで冷静に考えてみましょう。この通知表を作成した人はだれでしょうか。また，この通知表を読む人は皆さんだけでしょうか。この通知表の内容を話す人はだれでしょうか。どんな人の顔が浮かんできましたか。

自分を支えてくれた人たちの顔を思い起こさせるように生徒に問いかけていきます。ゆったりと考えさせるように問いかけることが大切です。

> 家族，担任の先生，学年の先生，友だちなどの顔が浮かんできたのではないでしょうか。この人たちは，皆さんを支えてきた人たちです。皆さんは，1人で進路決定に立ち向かっているのではありません。これらの人たちと一緒に人生を切り拓いているのです。多くの人が皆さんを支えてくれていることに感謝し，安心して試験に向かっていけばよいのです。

周囲の人への感謝の気持ちは，自信と安心を生んでくれることを印象づけるような話をします。

> さあ，皆さんは今日だれに感謝の気持ちを伝えたいと思いますか？　もう一度通知表を見て考えてみましょう。

具体的な人物の顔を思い浮かべさせ，試験への安心感をもたせます。

通知表

所見文例

●将来の具体的な目標をもった生徒

> 　自分の将来についての確固とした目標をもつとともに，自分の特性についても深く考え，どのような進路選択をしたらよいかを意欲的に相談する姿が見られました。未来の自分の姿を描くのは大切なことです。

　進学校を決めるのが進路指導ではなく，自分自身を知り，未来の自分の像を描かせるキャリア教育の視点をもって記述することが大切です。

●体育祭においてリーダーシップを発揮した生徒

> 　体育祭において質の高い学級のシンボル旗を完成させようと，広く級友からアイデアを募り，建設的な検討を重ねるなど，リーダーシップを大いに発揮することができました。

　学校行事の多い2学期には，リーダー性を発揮する生徒が多く見られます。細かな記録を残し，事実に基づいて励ますことが大切です。

●ルールを守ることができない生徒

> 　自分の考えを大切にし，それを主張できることはすばらしいです。まわりの人への気配りや学級の調和についても考えていきましょう。

　わがままな行動は自分しか見えていないことをポジティブに表現します。

●道徳の時間に他者理解を強く意識した生徒

　道徳の時間は，毎時間，友人の意見を傾聴し，自分自身の考えや生き方を振り返ることにより，相手の気持ちや立場を理解することが大切だという発言や記述をするまでになりました。

道徳の評価では，他者理解も重要な視点の1つとなります。

●学びを実践に生かすことができた生徒

　特別支援学校との交流活動をきっかけとして，校内の障害のある生徒との関わりを意識的に増やし，学びを実践に移すことができました。

体験活動は生徒の意識を大きく変える可能性があります。

●合唱コンクールにおいて指揮者として活躍した生徒

　合唱コンクールにおいて，集団をまとめることに悩みながらも，指揮者という大役を務め上げ，自分の可能性を大きく広げました。

指揮者や伴奏者などの大役は大変さと成果を両方記述します。

●成績が伸び悩んでいる生徒

　学習に対する地道な努力が光る学期でした。さらに効果を上げるために，ポイントを絞った学習方法を確立することが大切です。

勉強の仕方に言及し，学び方を変えることを意識させることが大切です。

通知表

●問題解決的な能力に優れている生徒

　社会科や理科の学習において，自分の疑問を大切にし，その解決に向けて友人との議論を何度も繰り返すなど，問題解決の能力を着実に身につけることができました。

学習の所見は，主体的・対話的で深い学びを意識した記述が大切です。

●委員会活動において活躍した生徒

　図書委員会に所属し，小中合同の読み聞かせ会を中心となって企画し，読書週間の取組を盛り上げることができました。

委員会活動で行われる日常的な活動に目を向けることが大切です。

●学級の雰囲気を明るくしている生徒

　分け隔てなくだれとでも楽しく会話したり，失敗した友人にさりげなく声かけをしたりするなど，学級の雰囲気を明るくする貴重な存在です。

日常生活の中の生徒の本質が見える言動を見逃さない意識が大切です。

●口数が少なく自己表現が苦手な生徒

　ICT端末を使って自分の思いを流れるような文章で表現し，グループや学級全体に伝えることができました。

苦手なことも方法次第で得意なものに変わることを伝えています。

●礼儀正しい行動ができる生徒

　言葉づかいが丁寧で，目上の人や来校者に気持ちのよいあいさつをすることができるだけでなく，乱れているロッカーの整頓を進んで行うなど，相手を思う気持ちに裏づけされた礼儀正しい行動ができました。

行動の裏づけとなる具体的なエピソードで価値づけをすることが大切です。

●表現力に優れている生徒

　スピーチでは，自分の立場や考えを明確にし，相手を説得できるように論理の展開などを考え，話の構成を工夫することができました。

表現力の評価はそこに至るまでの準備も含めて考えることが大切です。

●保育体験で幼児と関わることがうまくできなかった生徒

　保育園での体験実習では，幼児のあそびやあそび道具などについて，しっかりと観察し，丁寧に整理することができました。

できなかった事実より，できた事実を認め励ますことが大切です。

● ICT 端末を効果的に活用した生徒

　グループでの ICT 端末を使った共同編集では，ファシリテーションと操作の中心となり，班員をリードすることができました。

端末活用は技術だけでなく対話面での活躍にも目を向けることが大切です。

通知表

教室トーク
「明るく楽しい未来が待っている！」

1 話し始める前に

　２学期の終業式の日は，３年生にとってとても意義深い時間です。２学期までにほぼ中学校生活の行事が終わり，学級や生徒一人ひとりが大きく成長できたことを実感する時間です。また，冬休みは受験勉強の最後のがんばりどころになります。

　４月に立てた学級目標をどのくらい達成することができたのかしっかりと振り返り，卒業までにどのような学級になっていたいのか改めて確認することが大切です。また，生徒一人ひとりが３年生になってからの自分を振り返り，その成長を実感できるようにしましょう。いよいよ受験に立ち向かうのですが，自分の明るく楽しい未来を拓くために努力する時期であることを学級全体で確認し，学習への意識を高めることが必要です。

2 トークの概要

①２学期と３学期の日数の比較（今までとこれからを意識させる）

②振り返りと今後の目標（学級や個人で成長したことに注目させる）

③行事を中心に学級の振り返り（学級目標達成のために一人ひとりがどのように努力したかを自覚する）

④冬休みの時間，卒業までの時間の使い方（希望と期待をもって冬休みの学習に向かい，卒業までの自分を成長させる意欲を高める）

明るく楽しい未来が待っている！

> 　2学期は○日でした。では，3学期は何日でしょうか？　実は，2学期の
> ほぼ半分しかないのです。

今までの時間とこれからの時間を意識させます。

> 　2学期は何が伸びたのでしょうか？　何を伸ばしたのでしょうか？　また，
> 残された時間の中で，何を伸ばし，何が伸びるでしょうか？

年度当初の学級目標や2学期の目標，一人ひとりの目標にどのくらい到達
したかを考えさせます。また，冬休みから卒業までの時間をどのように使っ
て目標を達成するか考えます。

> 　行事に向き合うたびに，自分の伸び方を見つけ，毎日の生活でそれを実感
> しました。皆さんは，今，自分が伸びるためにどうすればよいのか，伸ばし
> 方を十分にわかっているはずです。

時間があれば，いくつかの行事を例にあげ，その中で学級が成長してきた
具体的な様子を振り返るとよいでしょう。この振り返りが，生徒一人ひとり
の自信につながります。

> 　この冬休みの1日1日を今までにないくらい大切に使ってみませんか？
> そうすれば，3月の皆さんはすばらしく輝いているはずです。お互いに，時
> 間を大切にする冬休みにしましょう。自分のまだ知らない未来のために。で
> は，よいお年をお迎えください。

受験勉強が苦しいイメージにならないように，明るく楽しい近くの未来を
想像させます。そうして，今はそのための努力の時間であることを意識させ
ます。このように伝えることで，卒業までの残された時間でより成長しよう
と生徒の意識が高まります。

終業式

教室トーク
「言葉だけではなく，姿で示そう！」

1 話し始める前に

　新年を迎え，多くの生徒が新しい目標や希望，決意をもって３学期の始業式を迎えます。３年生の３学期は，中学校生活だけでなく，義務教育最後の学期となります。その３学期の始まりには，生徒一人ひとりが何に取り組めばよいかを具体的に描けるようにすることが大切です。

　学級の仲間と過ごすことができるのも残り３か月です。だからこそ，学級目標の達成に向け，個人や集団が取り組むべき目標を，具体的に設定できるようにしましょう。そして，いよいよ受験も始まります。中には，不安や心配を抱える仲間も出てきます。「受験は団体戦」と言いますが，受験に向けてお互いに意識し合うこともこの機会に再確認できるとよいでしょう。

　さらに意識したいことが「中学校に何を残すか」ということです。残り３か月の中学校生活の中で，自分たちが学校のリーダーとして築き上げてきた中学校の伝統や文化をどのようにして後輩たちに引き継いでいくのかも大切です。最上級生としての責任と自覚を一人ひとりがもって生活できるように意識づけを大切にしましょう。

2 トークの概要

①目標の交流
②中学校生活の集大成としての学級と自分の目標設定
③最上級生としての責任と自覚

言葉だけではなく，姿で示そう！

> いよいよ中学校生活最後の学期が始まります。今日の日を迎えるにあたって，自分の目標を決めてきた人はいますか？

数人の生徒に発表してもらうことで，仲間が立てた目標に共感したり，参考にしたりして，視野を広げることができます。

> 学級目標の達成に向け，一人ひとりが目標をもって生活することで，残された3か月間の生活をより充実したものにしていきましょう。そして，3月には「この学級で生活することができてよかった」という思いを胸に卒業してほしいと考えています。また，受験も始まります。仲間と支え合い，高め合いながら学級が一丸となって立ち向かっていきましょう。

学級目標を改めて確認し，自分たちの今の姿を正確に捉えたうえで，生徒一人ひとりの目標を設定できるようにしましょう。受験に挑む姿勢については，教師の経験談も交えて伝えるようにすると，より説得力をもたせることができます。

> もう1つ意識したいことがあります。それは，中学校のことです。3年生として大切なことは，「中学校に何を残せるか」だと思います。「3年生が最上級生として築き上げてきた中学校の伝統や文化を，自分たちが引き継ぎたい」と後輩たちに強く感じてもらえるように，残りの3か月間を一人ひとりが責任と自覚をもって生活していきましょう。言葉だけではなく，姿で示してください。まさに，3年間の集大成です。

最上級生としての最後の役目は，学校の伝統を後輩に引き継ぐことです。言葉で伝えるだけでなく，姿や行動で示すことを確認することで，残り3か月の生活の質が向上するはずです。最上級生としての自覚と責任をもって生活できるように意識づけを行いましょう。

教室トーク
「最後の1人の進路が決まるまで」

1 話し始める前に

　中学3年の学年末テストは，義務教育最後の定期テストです。1年生の中間テスト以来，毎回テスト計画表を作成し，授業と家庭学習の両方の充実に取り組んできました。その中で生徒たちは，教科の知識・技能だけではなく，自分で目標を立て，計画をつくり，調整しながら努力を続けるという主体的・自立的に学ぶ力を身につけてきました。今回は，そういった力を発揮する最後のチャンスとなります。

　一方で，このテストの結果によって出願先を決定していかなければならないという生徒もいます。そういった生徒も含めて，少しでも前向きにテスト勉強を進めることができるよう，改めて将来の夢に思いを馳せる時間を大切にしていきましょう。そして，このテストを乗り越えた後は，入試本番を迎えることを再確認し，最後まで学級や班の仲間で支え合い，全員が独り立ちに向けて進んでいけるよう担任としての願いを語っていきましょう。

2 トークの概要

> ①これまでの定期テストへの取組
> 　（自主的・自立的に学習する力がついたことを振り返る）
> ②今回のテストの重要性
> 　（今回の結果が，進路選択の重要な材料になることを確認する）
> ③仲間との支え合いと感謝（仲間という視点とつなげて語る）

最後の1人の進路が決まるまで

　　いよいよ最後の学年末テストです。これまでの定期テストへの取組を振り返ってみて，自分はどう成長したか考えてみましょう。教科の知識・技能だけではなくて，1年生の最初と比べても，自分の意志で計画的に学ぶ姿がとても育ってきていると思います。とても大事な力です。

　入学当初は戸惑いがちでしたが，その都度，学習内容を復習し，その過程で目標や計画を自分で立てて，自主的に努力できる力がついたことを大いに認めていきましょう。

　　さて，約1か月後には，学年末テストが行われるのですが，今回のテストはこれまで以上に大きな意味をもっています。それは進路に直結するということです。皆さんとは進路相談を繰り返してきましたが，成績を左右する今回のテスト結果を見て，出願校を決めようとしている人がたくさんいます。最後まであきらめないでがんばってください。もしあきらめそうになったら，何のために今自分はがんばっているのか，自分の将来の夢をもう一度思い出してみましょう。意欲がわいてくると思います。

　今回の学年末テストがもつ重要性を確認しつつも，悲壮感に苛まれるのではなく，夢に向かっていることを思い起こし，努力していけるように励ましましょう。

　　そして，このテストが終わったら，いよいよ入試の本番です。この学級は運動会や修学旅行，合唱コンクールなどをみんなでやりとげたすばらしい仲間です。そんな仲間だからこそ，最後の1人の進路が決まるまで支え合い，3月には感謝の気持ちで独り立ちを迎えましょう。

　担任として，これまでの学級の足跡とつなげつつ，卒業する姿もイメージしながら，最後のテストに全力で向かうよう願いを込めて語りましょう。

学年末テスト

147

学級活動

> **ポイント**
> 1 将来の夢に思いを馳せる機会を設ける
> 2 実力が発揮できるよう励ます

1 将来の夢に思いを馳せる機会を設ける

　新年になってから行われる３年生の学年末テストは，中学校最後の定期テストです。出願先の公立高校を最終決定するための重要な資料になるということで，緊張感をもって勉強に向かう生徒が多く見られます。そんなときだからこそ，今の努力が何につながっていくのかについて改めて思い描く機会を大切にしてはいかがでしょうか。具体的には，先輩の例を参考にしながら，今自分は何に向かって勉強しているのかについて，次ページのような「マイ夢プラン」を描き，いま一度，学年テスト勉強に向けてがんばる目的を見える化してみましょう。

2 実力が発揮できるよう励ます

　学年末テストを乗り切ると，あとは入試の本番です。出願のための志願書の作成，推薦受験のための面接や作文の練習，本番に向けた最後の復習など，各自が選んだ道によって様々な取組を進めていきます。最後は独り立ちしていくのですが，気持ちをわかり合い，支え合った仲間との絆をしっかりと自覚させ，実力が発揮できるよう励ましていきましょう。

私は，将来，保育士になる夢があります。もともと小さい子が大好きだったのですが，中学2年生のときの職場体験で，市内の保育園へ参加して園児の明るく元気な姿に触れ，やはり私はこの仕事に就きたいと思いました。そのために，今は，子どもと一緒にいろいろなあそびができるように美術や音楽，体育の授業を大切にしています。しかし，保育士になるためには資格を取る必要があり，中学校を卒業したら普通科高校から大学へ進み，専門的なことを身につけたいです。そのために，まずは中学生活最後になる学年末テストでしっかり結果を出し，志望校へ進みたいです。

年齢	15	16	17	18	19	20	21	22	23	24	25	26	27	28	29	30
	中学校		高等学校		大学・短大・専門学校の保育関係学科			保育士資格取得	採用試験	採用就職						
					大学・短大			保育士試験								

年齢	15	16	17	18	19	20	21	22	23	24	25	26	27	28	29	30
マイ夢プラン	自分で自由に描いてみよう！															
	中学校															

今のがんばりを将来の夢につなぐ「マイ夢プラン」ワークシート

1月　■12日・13日：後期期末（学年末）テスト
　　　■私立高校出願
　　　■24日〜28日：三者懇談（希望制）
　　　■私立高校・国立高専推薦・一般選抜

2月　■私立高校一般選抜
　　　■公立高校出願

3月　■公立高校一次選抜
　　　■公立高校二次選抜

面接・作文・自己表現など，受験（受検）科目や内容の対策は随時実施

今後迎えるテスト本番の流れ一覧

教室トーク
「平常心で挑むために大切なこと」

1 話し始める前に

　高校入試や採用試験は，自分の将来を決める大切な機会です。また，はじめて人生に関わる決断を行うという生徒がほとんどです。この緊張を少しでも和らげ，受験を平常心で受けられるようにすることが担任としての大切な役割です。そのために，不安や緊張を自信に変えられるような話をするようにしましょう。例えば，教師がつかんでいる努力やがんばり，ノートに綴られた思いなどを紹介するのも効果的です。これまでのがんばりを自信にして挑めるようにしましょう。

　また，ともに立ち向かう仲間，支えてくれている家族や先生などの存在について触れることも効果的です。「自分は1人ではない」「支えてくれる家族がいる」という思いも，安心感につながります。

　そして，受験前日や当日の心構えや準備すべきことについて伝えたり，確認したりすることも，心に余裕をもつためには必要なことです。前日の準備や，余裕をもって家を出ること，試験会場での過ごし方について確認するなど，平常心で受験できるようにしましょう。

2 トークの概要

　①不安や緊張の緩和
　②ともに立ち向かう仲間，支えてくれている人の存在の確認
　③受験前日，当日の心構え

3学期

平常心で挑むために大切なこと

　いよいよ，一人ひとりの進路決定に向けての受験が始まります。今まで皆さんは，本当によくがんばってきました。先生も，そんな皆さんを尊敬しています。これだけがんばったんです。自信をもって，今できることをすべて出しきってください。あとはやるだけです。試験の最中は，試験に集中しましょう。結果は後からついてきます。まずは，目の前の試験に集中して，全力を出しきりましょう。

　生徒のがんばりや努力について，教師が把握していることがあれば，その具体的な姿を紹介するのも効果的です。

　「受験は団体戦」と言い続けてきました。皆さんは，決して１人ではありません。同じように受験に立ち向かう仲間がいます。そして，みんなを支えてくれている人々がいます。仲間や支えてくれている方々の思いと一緒に試験に挑んできてください。

　学級としての関わりや高まり，兄弟や家族の支えについて紹介してもよいでしょう。また，担任としての思いも，受験を経験した先輩として語るのが効果的です。

　そして，平常心で挑むために大切なことは準備です。高校や会社から配られた試験についての説明は確認しましたか？　持ち物だけでなく，会場までの道のり，受付方法や場所，そして会場の様子などを想像しながら準備をしてください。

　受験は何が起きるかわかりません。必ず前日までに準備を整えておくことを確認しましょう。また，試験会場までの移動中にトラブルが起きることもあります。試験に遅れてしまいそうな場合の対処方法も，確認しておきましょう。

高校入試・採用試験

151

事前指導

ポイント

1　面接への対策を十分に行う
2　合格発表後の態度も事前に十分指導しておく

1　面接への対策を十分に行う

　高校入試・採用試験では，筆記試験や作文だけでなく，面接が行われる場合も多くあります。中学校生活において，筆記試験や作文の経験はありますが，面接についてはほとんど経験がありません。さらに，面接官は高校の教師や企業の方が務められ，見ず知らずの方に自分の思いや考えを堂々と話すことに不安や心配を抱える生徒も多くいます。その対策として，面接での動きを確認したり，想定される質問について考えをまとめたりすることが大切です。また，資料を作成し，面接練習を行っておくことも大切です。

2　合格発表後の態度も事前に十分指導しておく

　試験は同じような時期に行われますが，受験方法や企業の採用によっては，合否の決定に幅が生じます。ここで気をつけたいのが，合格が決定した生徒の言動です。合格がもらえたことで気の緩みが生じ，それが言動に表れてしまうことがあります。そのことが原因となり，受験を控える生徒との間に亀裂が生じることがあります。合格が早く決定する生徒については，事前に指導を入れておくことが重要です。

基本的な質問内容

1 この学校・学科を選んだ理由は何ですか。

2 この学校でどんなことを頑張りたいですか。どんな生活を送りたいですか。

3 高校卒業後の進路や将来の夢を聞かせてください。

4 中学校で最も印象に残っていることは何ですか。また、それはなぜですか。

5 中学校であなたはどんな仕事（委員会・係など）をしてきましたか。

6 あなたが中学校時代に一番頑張ったことは何ですか。その理由も数

7 中学校では何部に所属していましたか。（実績なども）

面接対策で使用する資料

【1】面接の意義

1 面接はなぜあるのか

入学試験には、主に学力試験以外に面接試験や実技試験等が行われる学校があります。面接が行われるのは、理由として次の2つがあります。

①進路に対する意識や考え方を確認し、学校（職場）への適性や本人の特性を把握することで総合評価の一資料とするため。
②面接で得られた資料を、入学（入社）後の生活に役立てるため。

高校や企業の願いは、「目的意識をもった生徒に入学してほしい」ということです。ということは、「その意欲が確かめられる場が「面接」なのです。言葉遣いや参加姿勢から読み取ることができるのが面接なのです。

2 これから「何が大切なのか」

わずかな時間の面接で、その人のすべてを理解することは難しいことです。しかし、その人の受験に対する思いや日頃の生活は、見る人が見ればはっきり分かるものです。大切なことは、『その場さえうまくできればよいではなく、日頃から絶えず意識して自分を磨くこと』です。

では、そのためにどうしたらよいでしょうか。それは、「今の自分を見つめ直し、前向きに生活していくこと」つまり、【マイナス面】を減らし、【プラス面】を増やすことです。例えば、
　【マイナス面】　「朝は遅刻をしない」「忘れ物はしない」
　【プラス面】　　「大きな声であいさつをする」「掃除に一生懸命取り組む」
　　　　　　　　　「自分の役割、責任をしっかり果たす」

このようなことが、自分を高めていくことにつながり、さらには、自信にあふれた自分づくりにつながるのです。日頃から自分の考えをしっかりともち、日常生活を大切にすることが、よい結果を生むことにつながるのでしょう。

【2】面接の形式

1 個人面接
①1人の受験生に対して、1人または複数の面接官が対応する。
②時間は、学校によって違うが、5〜15分くらい。

2 集団面接
①受験生3〜5人（〜10人）が1つのグループになって、1人または複数の面接官が対応する。
②時間は1グループ30分くらい。

【3】面接で見られるポイント

1 態度
①きびきびした動作をとることができるか。（入室や退室の仕方・姿勢）
②中学生らしい服装か。
③言葉遣いがきちんとしているか。

2 表現力
①質問に正しく答えることができるか。（質問の意味を正しくとらえ、自分の意見をまとめる）
②敬語（尊敬語・丁寧語・謙譲語）が身についているか。
③筋道立てて、始めから終わりまで話すことができるか。
④他の受験生に左右されずに、自分の意見や考えを言うことができるか。（特に集団面接で）

3 積極性
①自分のことを理解してもらうための努力をしているか。
②進んで自分の意見や考えを発表できるか。

4 協調性
①他の受験生と仲良く話し合うことができるか。
②他の生徒と協力して、学校生活を送れるか。

┌─────────────┐
│　態　度・表現力　　│
│　積極性・協調性　　│
└─────────────┘

教室トーク
「未来の自分を見つめよう！」

1 話し始める前に

　卒業式前に配付される中学校最後の通知表。義務教育を終えた証でもある通知表は，これまでとは違った存在感をもって生徒の手元に配付されます。学習面や生活面の記録という性質に加えて，未来に羽ばたく生徒への応援と励ましのメッセージ性に富んだ書類になります。それに合わせて担任からのメッセージも未来の自分を意識させる内容になります。

　通知表は過去の自分を振り返ることに使われることが多くありました。今回の通知表は，3年間の努力の証であること，これからの自分がどうあるべきかを考えさせてくれるメッセージペーパーであることを強く伝えます。特に総合所見に記載されている担任からのメッセージに注目させ，将来の自分を見つめさせる時間を確保することが大切です。未来の自分を見つめるという中学校生活最後の貴重な時間になります。

2 トークの概要

①最後の通知表への思い（渡す前に生徒の意識を高める）
②配付後の感想の確認と交流（最後の通知表を基に感想を交流させる）
③最後の通知表の意義（過去を振り返るだけでなく未来へのメッセージであることを意識させる）
④未来の自分の姿（卒業後の自分を見つめさせる）

未来の自分を見つめよう！

> これから通知表を渡しますが，今どんなことを考えていますか？

通知表を渡す前の心境を確認することで，最後の通知表に対する意識を高めます。

> 通知表を全員に渡しましたが，どんな感想をもちましたか？ ここで交流してみましょう。（意見交流後）やはり成績に関することが多いですね。また，中には「これで中学校の生活も終わりだ」という感慨深い感想も聞かれました。さて，この最後の通知表，どんな意味をもっているのでしょうか。

通知表配付後にグループや学級全体で意見交流をさせます。義務教育9年間を終える生徒の思いを十分に語らせることで，卒業するということの意味を十分に考える時間を確保します。最後に，過去の自分，今の自分，将来の自分という3つの自分が出てきたことを生徒とともに確認します。

> たくさんの意見，ありがとうございました。この最後の通知表，これは未来を生きる皆さんへのメッセージと捉えてください。総合所見欄には私からの最後のメッセージを綴っておきました。未来に羽ばたく皆さんへの応援と励ましのメッセージです。未来の自分を見つめる材料にしてください。

決して多くを語る必要はありませんが，担任としての最後のメッセージであることを伝え，「未来の自分」というキーワードを強調し，卒業後の自分の人生を考えるきっかけとします。

> さあ，未来の自分を見つめてみましょう。そこにはどんな自分がいるでしょうか？

各自が未来の自分を静かに想像する時間とします。

通知表

所見文例

●目立たないが落ち着いた行動ができる生徒

> 　1年を通して穏やかな表情で生活し，小さなことにこだわることなく，やるべきことをきちんと遂行していく力強さをもっています。落ち着きのある行動は，他者からの信頼につながっています。

　目立つことばかりでなく，目立たないが当たり前に生活していることの中に生徒の価値を見いだす観察眼をもつことが大切です。

●進路が決定した後に学級に貢献した生徒

> 　みんなより先に進路が決定した後も，受験に向けて努力している生徒のために学級の仕事を率先して行ったり，卒業へ向けた準備をしたりと自分の使命をはっきりと自覚した利他的な行動をすることができました。

　他の生徒が受験に向かう中で，黙々と学級や友人の支援を行っている生徒に目を向けることも大切です。

●進路がなかなか決まらず焦っている生徒

> 　1年間，進路決定に向けて着実な努力をしてきました。これまでの粘り強い取組は実に見事で誇らしいものです。努力を信じましょう。

　未来への不安は，過去と現在の努力を称えて打ち消すことが大切です。

●道徳の時間に活躍した生徒

　道徳の時間は，毎時間，友人の意見を傾聴し，自分自身の考えや生き方を振り返ることにより，相手の気持ちや立場を理解することが大切だという発言や記述をするまでになりました。

他者の考えから自分の生き方を考えることも評価の大切な視点です。

●学校の代表として活躍した生徒

　海外派遣団員として，ホームステイしながら学んだことを全校集会で報告し，国際社会で活躍したいという夢を抱くまでになりました。

貴重な経験をした生徒のその後の生き方を記述することが大切です。

●上級生としての自覚がある生徒

　卒業生を送る会では，先輩として感謝の気持ちを学年合唱で後輩に伝えようと呼びかけ，心の交流を深めることができました。

卒業期の生徒の成長を先輩後輩の関係から捉えています。

● SNS のトラブルに関わった生徒

　スマートフォンは世界とつながる便利なツールです。自分を成長させるために何が大切なのかを考えて活用していきましょう。

卒業後に生かされるようなポジティブな表現がポイントです。

●友だちとの関係を深めている生徒

　一人ひとりの友人を大切に思う気持ちが強く，友人が間違った言動をしているときにも，自分が正しいと思う考えを温かく伝えることができました。遊びだけではない，真の友情を深める姿に感銘を受けました。

表面的ではない，深い友人関係にまで触れることが大切です。

●１枚ポートフォリオを効果的に活用した生徒

　１枚ポートフォリオを有効に使い，学習前と学習後の自分の考え方の変化を客観的に捉え，探究への意欲を見せるようになりました。

自分自身を客観的に見るというメタ認知の考えを入れることが大切です。

●避難訓練に主体的に取り組んだ生徒

　震災の体験談を聞き，津波を想定した避難訓練に主体的に参加することにより，自らの安全を確保する方法を具体的に学びました。

主体的に学ぶ姿勢は，授業外においても評価することが可能です。

●友人関係に悩んだ生徒

　人間関係の悩みは，自分を大きくしてくれる大切な機会です。この経験を高校での友人づくりに生かしていきましょう。

区切りをつけることと新しいステップへの励ましが大切です。

3学期

●「いのち」について深く考えた生徒

　生命尊重に関する学習では，ｐ４ｃという哲学的対話を通して，生命の尊さを理解し，かけがえのない生命を尊重することが大切であると考えるまでになりました。

どのような活動をしたのかも具体的に記述することが大切です。

●発展的な学習に取り組める生徒

　明確な目標をもち，授業中の学習内容だけでなく，問題集や資料集にある発展的な内容にまで範囲を広げて学習を進めることができました。

学習意欲が高い生徒は，授業外の取組を具体的に評価することが大切です。

●卒業を前にボランティア活動に積極的に取り組んだ生徒

　お世話になった学校に恩返しをしたいという熱い思いから，毎朝の清掃ボランティアに取り組み，学校に対する感謝の気持ちを表しました。

卒業期の生徒の活動には，愛校心や感謝の心が活動となって現れます。

●卒業を前にしても自分に自信がもてない生徒

　この３年間の学習や運動に対する取組は，いつも前向きですばらしいものでした。その姿は，多くの級友に勇気と希望を与えています。

客観的に見た人物像を示し，自己肯定感を高めることが大切です。

通知表

教室トーク
「4月からそれぞれの道を歩む3年生へ」

1 話し始める前に

　3年生は，4月からそれぞれの環境で，それぞれの生活を歩み出すことになります。そこでは，中学校で身につけてきたことを自信や誇りにして生活してもらいたいものです。また，中学校の卒業生としての責任や今後も地域で生きていくことへの自覚ももたせたいところです。

　まずは，仲間の大切さです。中学校の友は一生の友とよく言われます。中学校を卒業し，4月からの新しい生活が始まると，仲間同士で会う機会も減少しますが，何かあったときに支えることができる，頼ることができる，そんな関係性を大切にしてほしいものです。

　次に，中学校には同窓会という組織があります。聞いたことがない生徒もいるはずですから，この機会に同窓会の目的や活動内容を確認し，「母校」ができる意味について考えます。そして，多くのことを学んだ学校に，恩を返していく大切な役割があることを自覚できるようにしましょう。

　最後に，学級担任としての願いを語りましょう。学級経営や教師自身が大切にしている考え方，生き方を語りましょう。

2 トークの概要

①ともに中学校生活を送った仲間について
②同窓会という組織について
③担任としての願い

4月からそれぞれの道を歩む3年生へ

皆さんにとって，中学校生活の宝物は何かと問われたら何と答えますか？もちろん，様々なものが思い浮かぶでしょう。その中に，「仲間」もあると思います。学習や部活，休み時間，登下校など，多くの時間を一緒に過ごし，楽しいことや，うれしいこと，時には苦しいことや悲しいことをともに経験してきた仲間は，一生の友とも言われます。4月からは，別々の道を歩み出しますが，これからも大切な存在として関係を続けていってください。

中学校生活の具体的な場面を示しながら確認することは，仲間の大切さを再確認するのに効果的です。

また，○日には同窓会入会式が行われます。どの学校にも同窓会という組織があります。聞いたことはありますか？　同窓会とは，この学校を卒業した人たちで組織されている会で，皆さんの家族の中にも会員の方がいると思います。活動には，様々な内容がありますが，大切なことは，母校のために何ができるかということです。3年間お世話になった感謝の気持ちを込めて，後輩たちのために力を尽くすという大きな役割があります。

同窓会がどのような役割や働きをしているのかを具体を示しながら説明することで，同窓会という組織について生徒も想像しやすくなります。

最後に，先生からも皆さんに伝えたいことがあります。1年間，皆さんとともに生活する中で学んだことや，先生が今まで生きてきた中で教わったこと，大切にしてきたことを伝えます。皆さんの，これからの人生において少しでも役に立てればと思います。

担任として，1年間をともに過ごす中で発見した生徒たちのよさを大いに価値づけるとともに，自分自身が生きてきた中で得たことや大切にしてきたことを，人生の先輩として，1人の人間として，生徒に語りましょう。

卒業後の在り方

学級活動

ポイント
1 母校ができることの意味を考えさせる
2 担任としての願いを語る

1 母校ができることの意味を考えさせる

同窓会というと，卒業後に仲間同士が集まる会のことを想像する生徒も多くいると思います。まずは，同窓会の目的や活動内容を確認し，「母校」ができる意味について交流する時間を位置づけましょう。それと同時に，母校や後輩のために自分には何ができるのかを交流する時間を設定することで，生徒の考えを広げることができます。3年間多くのことを学ばせてもらった母校に恩返しをすることと，卒業後も生活していく地域に対しての意識も高められるようにしましょう。

2 担任としての願いを語る

1年間，担任としてともに過ごしてきた中での気づきや得たこと，教師自身が生きてきた中で学んだことや大切にしていることについて，卒業式の日に伝えようと考える方は多いと思います。しかし，卒業式は気持ちが昂りますし，時間の読みが難しい部分もあります。そのため，担任の思いや願いは，事前に伝える時間を確保することをおすすめします。人生の先輩として，1人の人間として，担任としての思いや願いを生徒に語ってください。

令和○年度同窓会入会式

1 ねらい
　同窓会入会式を通して，活躍される多くの先輩が旅立ったこの学校の一員である誇りと責任を自覚する。

2 日時　令和○年３月○日（○）第４校時（11:35〜12:25）

3 場所　体育館２Ｆ　（卒業式の会場）

4 来賓　○○中学校同窓会長　○○○○様

5 内容　司会進行　３年主任
【事前指導】
　　入会式に参加するための心構えについて教室で事前に指導
【同窓会長入場】
　　①校長先生のあいさつ
　　②同窓会告示（同窓会長の話）
　　③記念品授与（代表：５組　○○○○）
　　　代表生徒が席に戻った後，励ましの言葉をいただく
　　④入会の決意（代表：６組　○○○○）

同窓会入会式の企画書例

3年1組 学級通信
one for all, all for one
令和●年3月5日

卒業おめでとう

卒業まで残りわずかとなりました。
本当にあっという間でした。特に，カウントダウンが始まってからの日々は，2倍速，3倍速のような気がします。そして，最後の学活です。
さて，最後の学活できちんと話ができるかわからないので，これから新しい環境で生活を送るみんなに向けての思いを書いておきます。

一つ目に，「感謝」です。いろいろなところで先生が書いたり，話したりしているので知っているかもしれませんが，「日々感謝」です。これは，僕は生活で最も大切にしていることです。先生が今まで生きてきた中で，最も大切だと考えるからです。人は絶対に一人では生きていけません。いろいろな人と関わり，その中で，支え合い，助け合いながら生きています。自分では知らないところで多くの人々に支えられています。そのことに気づき，素直に感謝できる人になってほしいと思います。また，身近にいる人々にも同じです。「やってもらって当たり前」と思わないようにしましょう。「ご飯を作ってもらっていること」「洗濯物をしてもらっていること」「部活動やクラブをさせてもらっていること」「塾に通わせてもらっていること」「高校受検をさせてもらったこと」など，それは，決して当たり前のことではありません。家族や仲間，地域の方々が，精神面や経済面，環境面などで，支えてくださったからこそ，できることです。そのことに感謝して生活していきましょう。

二つ目に，「あきらめない」です。「可能性がゼロになるまで，自分が納得するまで，あきらめるな」ということです。これからの人生，楽なことばかりではありません。どちらかというと苦しいこと，辛いことの方が多いかもしれません。それは，今までの生活でも同じではないでしょうか。ただし，あきらめてはいけません。可能性がなくなるまで，自分が納得いくまで努力し続けてください。その努力はいつか報われます。努力は人を裏切りません。うまくいかないと思うこともあるでしょう。それは努力が報われなかったのではなく，まだ「努力」が足りなかったということです。また，自分ができなかったことを人のせいにしないようにしてきました。言い訳は成長の妨げだと考えるからです。また，順調に進まなくても，そこまでに努力したことは他の方向にも生かせます。だから，あきらめずに努力を続けてください。

三つ目に，「正しい判断」です。これからみんなが生活する環境は，刺激的で，魅力的なもので溢れています。しかし，その中には決してよいものではないものも溢れています。そのものと出会ったときに，正しい判断ができるようにしてください。しかし，それは言葉巧みに，さぞ素晴らしいものかのように近づいてきます。そんな時に，自分のこと，そして支えてくれている人のことを考えて，判断してください。一人では，判断できそうにないときは，信頼できる人に相談してください。家族でも，仲間でも，先生でも構いません。一人で悩み続けないでください。心が疲れたり，弱くなったりすると，正しい判断ができなくなってしまいます。そんなときは，誰かを頼ってください。

四つ目に，「一人一人が大切な存在」です。4月に紹介した詩を覚えているでしょうか。どうでもいい人など，誰もいません。ここにいる一人一人が大切な存在であり，意味のある存在です。世の中を動かしているのは，誰か一人ではありません。一人一人の小さな意志が，集まってまとまって，そして大きな力となって世の中を動かすのです。そして，ここにいる仲間は，1組にとってかけがえのない一人です。そして，先生にとって，ここにいる一人一人が大切な教え子です。

五つ目に，「楽しむ」です。一度きりの人生です。楽しんでください。これからの人生には，苦しいことも多いと書きましたが，そんな時こそ前向きに考える事が大切だと思います。「悩んでいても仕方がない」という言葉がありますが，その通りだと思います。悩んでいいことが起きるならいいですが，そうではありません。それなら，「何かのためになるのではないか」「何かおもしろいことがあるのではないか」「とりあえずやってみるか」とプラスに考えることができれば，苦しいことも楽しめるかもしれません。なんとかなることもよくあります。

最後になりましたが，1年間ほんとうにありがとうございました。みんなと過ごした1年間はほんとうに楽しかったです。**共存共栄　優しさ　楽しさ　厳しさ**を学級目標に掲げ，失敗と成功を繰り返しながら，一歩一歩確実に成長していく3年1組の姿を最も間近で見ることができ，ほんとうに幸せでした。「3年1組と一緒に生活できてよかった」「みんなと出会えてよかった」と心から思います。この1年間は，先生にとっての財産です。ほんとうにありがとう。そして，これからもみんなのことを応援し続けます。

もうすぐ，中学校生活が終わります。しかし，3年1組での出来事はみんなの心の中に残るはずです。新しい生活がスタートします。3年1組として，そして●●中学校の生徒として過ごしたことを誇りに，新しい一歩を踏み出してください。みんなの活躍を期待しています。

教師の思いや願いを伝える学級通信

教室トーク
「義務教育を終えるあなたへ」

1 話し始める前に

　いよいよ明日は卒業式，つまり義務教育9年間の出口です。生徒たちに，まずは卒業式への思いを聞いてみましょう。それらを受けて，担任としての思いを伝えていくとよいでしょう。

　卒業式前日の学級活動として，企画委員と打ち合わせをして，学級解散式の企画をしてみてもよいでしょう。

①生徒一人ひとりからの話　　②合唱
③教師の話　　　　　　　　　④学級目標の取り外し

　例えば，上のような順番になっていれば，おそらく教師の話は，5〜10分程度になるでしょう。その時間内で伝えられるように，話の内容を整理しておく必要があります。決して長い話がよいわけではなく，短い話で生徒たちに「1年間の感謝」と「来年度への励まし」を伝えましょう。事前に，企画委員に「○分ほしい」と伝えておくとよいでしょう。

2 トークの概要

①卒業式に対する気持ちの確認
②生徒たちへの1年間の感謝の気持ち
③生徒たちへの励まし

トーク

義務教育を終えるあなたへ

> いよいよ明日は卒業式ですね。今，皆さんはどんな気持ちですか？

　質問から入るのは，生徒を集中させるためです。数人の生徒を指名し，今の気持ちや卒業式への思いを聞いてみましょう。そして，どうしてそのような気持ちになっているのかを確認しましょう。

> この1年間，一人ひとりの進路選択に関わり，皆さんが少しずつたくましくなっていくのを毎日感じていました。そして，そんな皆さんの姿に何度も励まされながら過ごすことができました。悩んで，努力を続けて勝ち取ったあなただけの進路です。どうかその進路に誇りをもってください。そして，そんなあなたたちの担任で，とても幸せでした。ありがとうございました。

　3年生は，はじめての進路選択を経験しました。そこでは，一人ひとりが自分と向き合いながら，進路を選択してきました。近くで見てきた担任だからこその言葉かけがあるとよいでしょう。

> 最後に，これまでは学級の仲間がいつもそばにいてくれました。明日からは，それぞれがそれぞれの進路でがんばらなくてはいけません。不安もあるでしょうが，もしも苦しくなったときは，この1年間のことを思い出してください。そして，努力を続けたその先にあった感動を思い出してください。努力することの価値を知った皆さんなら，きっと次の進路先でも輝くことができます。この1年間の仲間との思い出を胸にがんばってください。

　仲間との別れの寂しさ，そして，次の進路への不安などを，教師の言葉で前向きな気持ちに変えていきましょう。「あなたたちならもう1人でも大丈夫だよ」という語りができるとよいでしょう。その後に，学級目標を取り外すセレモニーへとつなげます。

学級納め

学級活動

> **ポイント**
> 1　義務教育を終える一人ひとりの新しい歩みを祝う
> 2　支えてくれた人たちへの感謝の気持ちを確認する

1　義務教育を終える一人ひとりの新しい歩みを祝う

　義務教育９年間の最後の学級活動です。３年生の１年間だけでなく，義務教育という長い視点で振り返ってみましょう。

　多くの支えの中で努力を続け，今を迎えているという視点で振り返るとよいでしょう。また，担任として，生徒に伝えたい「生き方」を最後に短く語れるとよいでしょう。とはいえ，担任として様々な思いがこみ上げてきて，うまく話せないかもしれません。そこで，学級通信を活用して，あらかじめ話す内容を形にしておくことをおすすめします。生徒たちには，次の進路が待っています。やり抜いてきた事実とともに，「この９年間がんばってきたあなたたちなら，次のステージでもがんばっていける」と，生徒たちを後押しする言葉がかけられるとよいでしょう。

2　支えてくれた人たちへの感謝の気持ちを確認する

　卒業式には保護者も参加します。これまで一番愛情を注いでもらった人であり，日々の保護者の支えがあってこそ迎えることができる卒業です。保護者への感謝の気持ちを直接言葉で伝えるよう指導しましょう。

3学期

夢をつかむ

めざす自分に
出会うため

<夢をつかむ　～めざす自分に出会う～>
目指す山頂は、遥か彼方にある
見ているだけでは、そこにたどり着くことはできない
自分の力で、岩をのり越え、息を切らし登り続ける
自分の心と勝負し、めざす頂へ、一歩ずつ近付いていく

そうやって、たどり着いた頂上で、あなたの目の前には、
どんな景色が広がるだろうか…どんな自分と出会えるだろうか…

自分の力で、見たい景色に挑み、のり越えることで、めざす自分に出会う
それが、『夢をつかむ』の精神だ
仲間と共に、『夢をつかむ』…そんな生き方を刻んでほしい
　　　　　　　　　　　　　　　　　　４月学級開きの言葉より

次の舞台でもあなたは輝く
努力を続け、力強く歩んでいこう

夢をつかむ
～めざす自分に出会う～

学級納め

　「夢をつかむ」をキーワードに、仲間と共に歩んできた日々が今日で終わる。覚えているだろうか…学級開きの緊張や不安、期待感。修学旅行で仲間と協力しながら班行動したこと。わかたけ祭で、声がかれるまで応援し、必死で競技に取り組んだこと。そして、大縄での感動、達成感。合唱祭で、悩み・苦しみながらも、互いを信じ、ひたむきに努力を続けた日々。やりぬいた後のステージでの感動。共に、進路に向けて努力した朝学習。そして、教室での何気ない会話で、笑い合った日々。…今、一人一人がそれらをのり越えて、本当に輝いている。
　５組の行事、日常活動のどんな場面でも、一人一人の笑顔が鮮明に浮かんでくる。それは、どんなに苦しいときでも、あなたが仲間を思いやる温かさを大切にして、力を続けてきたからだ。そんな５組の中で、今、あなたは、やり抜いた自信に満ち、鮮やかに輝いている。そんな自分こそが「夢をつかむ」自分なのだ。そして、**仲間と共に、泣き笑いしながら、共に歩む中で、「夢をつかむ」ことの感動を知ったあなたなら、次の舞台でも、その感動に向かい努力を続け、必ず輝くことができる。**新しいステージで、さらに強く輝きを増すあなたを心から願っている。卒業おめでとう。そして、ここに「夢をつかむ」３年５組を解散します。
　　　　　　　　　　　　　　　　○年３月○日　３年５組担任　○○　○○

<保護者の皆さまへ>　37人の生徒たちは、進路選択の中、様々な葛藤を胸に、学校生活を送ってきました。しかし、そんな中でも、自分と向き合いながら懸命に努力を続けました。私は、そんな生徒たちの頑張りに支えられることが多くありました。この生徒たち一人一人が、今日まで歩みを止めなかったのも、保護者の方々のご理解・ご協力があってのことだと心から感謝しています。１年間、本当にありがとうございました。

最後の学級通信「担任からの最後のメッセージ」

教室トーク
「決意と感謝」

1 話し始める前に

卒業式で大切にしたいのは，「決意」と「感謝」です。

当日の朝の会で，卒業式は中学校で最も大切な式であることを伝えます。義務教育を終え，一人ひとりが自分で決めた進路へ，力強く歩み出す「決意」を，入退場，起立や着席，礼などの動き，卒業証書授与での返事，仲間との最後の合唱で表す場であることを伝えます。

また，自分をこれまで支えてくれた家族，先生，在校生，地域の方たちに「感謝」の気持ちをもって式に参加することを伝えます。入場までの通路での待ち方や，式場設定を行ってくれた在校生たちのことも話しておくと，気持ちもさらに高まるでしょう。

できれば，数日前から，朝や帰りの会などで卒業式に向かう思いについて生徒たちと語り合ったり，呼名の練習をしたりしておくとよいでしょう。担任としての思いと，学級の思いを共有して，心を1つにして当日を迎えます。担任は，卒業式の中で生徒が見せる姿をしっかりと見届け，一人ひとりの成長を心から祝いましょう。

2 トークの概要

①卒業式の意義を確認する
②一人ひとりが「決意」を姿で表す
③支えてくれた人たちに「感謝」の気持ちをもつ

決意と感謝

> 今日の卒業式は，中学生としての集大成を見せる式です。どんな思いで式に参加しますか？

質問から入るのは，生徒を集中させるためです。事前に指導がしっかりと行われていれば，生徒はこの式の大切さをこの時点で理解しているでしょう。数人から話を聞き，最後に担任としての思いを伝えましょう。

> そうですね。皆さんは，今日で義務教育9年間を終えて，それぞれが決めた進路へ歩み出します。ここからは，義務教育でつけてきた力を一人ひとりが発揮して，自分の未来をつくっていかなくてはいけません。その決意を，式での動き，返事，合唱の姿で表しましょう。

義務教育の終わりは，新しい未来へのスタートです。そして，卒業式は，義務教育の中で成長してきた自分に自信や誇りをもち，一人ひとりがこれからも力強く歩んでいくという決意を姿で表す場でもあります。

> 小学校，中学校と皆さんを支えてくれた人はだれでしょうか？　そうですね。皆さんが毎日笑顔で学校に来られたのは，学級の仲間の支えがあってこそですね。また，どんなときもそばで励ましてくれた，家族の存在も大きかったのではないでしょうか。さらに，地域の方々も，皆さんのことを温かく見守ってくださってきました。今日は，支えてくださったすべての人たちにそれぞれが感謝の気持ちをもって式に向かいましょう。先生も，みんなへの感謝とお祝いの気持ちをもって，卒業証書の名前を呼びますね。

仲間や家族，地域の方へと生徒の視野を広げていき，多くの人たちの支えの中で今までがんばってこられたことを伝えましょう。そして，感謝の気持ちをもって卒業式に臨ませましょう。

卒業式

教室環境

ポイント
1　卒業式当日の教室環境を整える
2　呼名の練習をしておく

1　卒業式当日の教室環境を整える

　教室内や廊下の掲示物は，卒業式前日までにすべて取り外し，教室環境を美しく整えます。そして，卒業式当日の朝，黒板には，学級名簿と学級を象徴する写真を貼り，担任からのメッセージを書きます。また，各自の机の上には，最後の学級通信を置きます。教卓の上に花を置くなどの演出も，卒業式の雰囲気にはぴったりです。卒業式当日は，朝の会でゆっくり話をしている時間はないので，登校した生徒は落ち着いて最後の学級通信を読むというのも，心に染みるものです。必要な連絡事項などは，すべて前日までに伝えておきましょう。

2　呼名の練習をしておく

　卒業式では，担任が学級の生徒一人ひとりの名前を呼びます。生徒なりの成長を示す精一杯の返事をしてくれると思いますが，教師も事前にしっかり呼名の練習をしておきましょう。式本番での呼名は，緊張もありますし，1年間の様々な思い出が胸をよぎるからです。まさに担任ができる最後の仕事として，心を込めて生徒の名前を呼びたいものです。

卒業式当日の教室環境

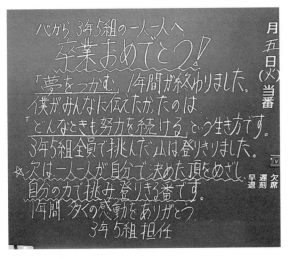

卒業式当日の黒板メッセージ

【執筆者一覧】

玉置　　崇 (岐阜聖徳学園大学)

山田　貞二 (岐阜聖徳学園大学)

福地　淳宏 (岐阜聖徳学園大学)

芝田　俊彦 (愛知県小牧市立応時中学校)

波多野真嗣 (愛知県小牧市立応時中学校)

土井　佐織 (愛知県犬山市立犬山中学校)

平松　賢人 (愛知県小牧市立応時中学校)

安形　直樹 (愛知県犬山市立犬山中学校)

鹿糠　昌弘 (北海道美唄市立美唄中学校)

林　　雄一 (愛知県一宮市立浅井中学校)

平　真由子 (金沢工業大学)

西本　　壇 (愛知県春日井市立知多中学校)

比嘉　　英 (沖縄県今帰仁村立今帰仁中学校)

北島　幸三 (沖縄県今帰仁村立今帰仁中学校)

増田　千晴 (愛知県犬山市立犬山中学校)

坂東　俊輔 (岐阜県瑞穂市教育委員会)

井嶋　　潤 (岐阜教育事務所)

【編著者紹介】

玉置　崇（たまおき　たかし）
岐阜聖徳学園大学教授

山田　貞二（やまだ　ていじ）
岐阜聖徳学園大学准教授

福地　淳宏（ふくち　あつひろ）
岐阜聖徳学園大学准教授

中学3年の学級づくり　365日のアイデア事典

2024年3月初版第1刷刊　Ⓒ編著者　玉　置　　　崇
　　　　　　　発行者　藤　原　光　政
　　　　　　　発行所　明治図書出版株式会社
　　　　　　　　　　　http://www.meijitosho.co.jp
　　　　　　　（企画）矢口郁雄（校正）大内奈々子
〒114-0023　東京都北区滝野川7-46-1
振替00160-5-151318　電話03(5907)6701
ご注文窓口　電話03(5907)6668
＊検印省略　　　　　　組版所　株　式　会　社　カ　シ　ヨ

Printed in Japan　　　　　　　　ISBN978-4-18-254331-9
もれなくクーポンがもらえる！読者アンケートはこちらから

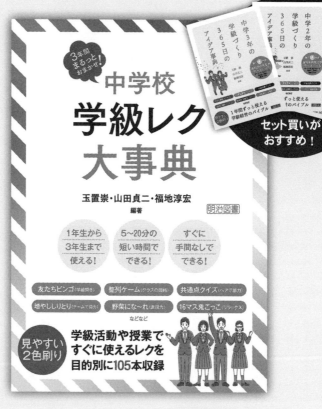